猫 课 电 商 运 营 大 系

活动无忧

电商文案创作
与活动策划实战

猫课◎编著

清华大学出版社
北京

内容简介

本书作为电商文案与活动方面的专业图书，全面、系统地介绍了各类电商文案构思创作方法与技巧，多平台多类型的电商活动在策划、实施方面的方法与技巧，以及相应的实战案例，使读者能够快速掌握电商文案与活动方面的知识与技能。

本书共有13章，第1章主要介绍了电商文案的基本知识；第2章主要讲解了撰写电商文案前要做的准备工作；第3章主要讲解了电商文案的创意方法与写作思路；第4章主要讲解了电商文案的各种写作技巧；第5章主要讲解了网店中各类文案的写作技巧；第6章主要讲解了电商营销软文的写作技巧；第7章主要讲解了微信、微博等各种平台上的推文的写作方法与技巧；第8章主要讲解了不同平台上的电商活动的特点；第9章主要讲解了电商活动策划的流程、原则等核心内容；第10章主要讲解了电商营销活动的策划技巧；第11章主要讲解了微信朋友圈活动的策划技巧；第12章主要讲解了多平台联动推广活动的策划方法与技巧；第13章主要展示与分析了几个经典的电商活动案例。

本书内容丰富，实用性强，特别适合想要快速掌握电商文案撰写与电商活动策划的创业者、电商从业人员、各大院校及高职高专的电商专业学生、电商理论研究人员阅读，也可以作为电商培训机构教学之用。

图书在版编目（CIP）数据

活动无忧：电商文案创作与活动策划实战 / 猫课编著. — 北京：清华大学出版社，2022.1
（猫课电商运营大系）
ISBN 978-7-302-57715-7

Ⅰ.①活…　Ⅱ.①猫…　Ⅲ.①电子商务－策划－写作　Ⅳ.①F713.36　②H152.3

中国版本图书馆 CIP 数据核字（2021）第 050103 号

责任编辑：栾大成
封面设计：杨玉兰
责任校对：徐俊伟
责任印制：宋　林

出版发行：清华大学出版社
网　　　址：http://www.tup.com.cn，http://www.wqbook.com
地　　　址：北京清华大学学研大厦 A 座　　　　邮　　编：100084
社 总 机：010-62770175　　　　　　　　　　邮　　购：010-83470235
投稿与读者服务：010-62776969，c-service@tup.tsinghua.edu.cn
质 量 反 馈：010-62772015，zhiliang@tup.tsinghua.edu.cn
印 装 者：三河市少明印务有限公司
经　　销：全国新华书店
开　　本：170mm×240mm　　印　张：13.75　　字　数：327 千字
版　　次：2022 年 1 月第 1 版　　印　次：2022 年 1 月第 1 次印刷
定　　价：49.00 元

产品编号：084873-01

互联网电子商务在我国已经发展了约 20 年，从当初单纯的网上开店到今天的多平台多形式营销，无论从规模与渠道上，还是从方法与理论上，电子商务都获得了长足的发展。与此同时，由于市场与消费者理念的日渐成熟，以及网络支付与物流系统的日趋完善，使网络购物成为了我国人民最常用的消费方式之一。

由于供需两方面的兴旺发展，越来越多的人投身到电子商务中，希望能够赚取自己的第一桶金。客观地说，电子商务市场的确是一个机会相对较多的市场，只要找对方法，付出努力，就会有较大的经济收益，这是毋庸置疑的。不过，电子商务市场也并非一个遍地黄金的地方，很多人入场后才发现自己原来什么都不会，"动辄得咎"，离赢利尚有不小的距离。

我们注意到，很多从事电子商务的人，在宣传与活动上存在着较大的短板。不少人写出的宣传文案既无亮点，也抓不住消费者心理，很难起到宣传效果；而举办活动也是磕磕碰碰，不会策划也不会实施，花费了时间与成本，却没有收到应有的营销效果。他们有的黯然离场，有的则付出了很大的代价，慢慢地才掌握了这些技能。很多人都感叹说，如果入行之初能学习电商文案与活动策划，就能够少走很多弯路，不至于浪费那么多时间与成本，重要的是还错失了很多机会。

有鉴于此，我们决定撰写一本电商文案与活动策划方面的图书，帮助广大电商从业人员系统地学习这两方面的知识，迅速全面地提高营销技能，补齐短板，早日实现赢利。为此，我们调研了数十位资深电商从业人员，将他们多年的文案撰写经验和活动实操技能记录并整理成文，编撰为这本《活动无忧：电商文案创作与活动策划实战》，以飨读者。

本书共分为两个部分，第一部分主要讲解文案撰写的方法与技巧，第二部分主要讲解活动的策划与实施。这两部分内容都遵循了从易到难，从理论到实践的学习规律，结构合理，层次分明，非常适合读者自学。

本书一大特色是着重于理论与实践相结合。书中每个知识点几乎都配上了相应的范文或案例，以便读者能迅速理解理论并掌握其使用方法；此外，还对某些复杂的理论配上了思维导图，便于读者建立起相应的知识框架；每章末还配有"高手秘籍"板块，专门介绍一些实用技巧，便于读者提高工作效率；全书最后一章集中讲解了 4 个电商活动综合案例，帮助读者全面掌握策划与实施电商活动的流程，以及相应问题的处理方法，使书中的知识都落到实处，使读者真正能做到学以致用，快速提升自己的营销能力。

本书内容全面，适用性好，新手可根据本书进行系统学习，全面成长，老手也可根据本书温故知新，查漏补缺，是一本不可多得的指导性读物。

由于编者水平有限，成书时间也比较仓促，书中疏漏之处在所难免，希望读者与同行能不吝斧正。

编　者

本书 PPT 课件下载

目

录

第1章　认识电商文案

第2章　电商文案创作前的准备工作

第3章　电商文案的创意方法与写作思路

第4章 电商文案的写作技巧

第5章 网店文案的写作技巧

第6章 电商软文的写作技巧

第7章　不同平台推文的写作方法与技巧

第8章　电商活动介绍

第9章　电商活动策划的核心内容

第10章 电商营销活动策划实战技巧

第11章 微信朋友圈活动策划实战技巧

第12章 多平台联动推广活动策划

第13章 电商活动一线案例展示与分析

第1章

认识电商文案

本章导读 🔗

　　互联网的快速发展推动着电子商务不断进步，在这一进程中电商对宣传文案产生了巨大的需求，导致电商文案逐渐发展成为一个新兴的技术领域。电商文案是基于电子商务平台而产生的，它在继承传统文案特点的基础上，又发展出了自己的特点。本章将针对电商文案的分类、特征与商业价值等基础知识进行详细的介绍，让读者对电商文案有一个概括的了解。

1.1 电商文案的含义与分类

电商文案相较于传统文案而言，具有更加丰富的表现形式与应用场景。下面就一起来认识一下什么是电商文案，并了解一下电商文案有哪些分类。

1.1.1 电商文案的含义

文案的概念来源于广告行业，因此又被称为广告文案，一般是指以语言文字等内容来表现产品或者品牌的广告信息，从而打动消费者，使其产生消费行为的形式。电商文案是基于电商行业而产生的广告文案形式，它可以充分利用互联网平台和各种新媒体工具，及时、高效地向消费者传递产品或品牌信息，吸引消费者的注意，引发消费者的购买欲望，从而达到促进产品销售、塑造品牌形象的目的。

与传统的广告文案相比，电商文案具有更加丰富的表现形式。除了通过图文结合的形式来传递信息，还可以在文案中添加视频、音频及超链接等元素，以此来丰富文案的内容，使文案更加生动有趣，富有吸引力。

淘宝首页中某产品的广告文案如图 1-1 所示，该文案以图文结合的形式对产品进行展示，通过"御寒够给力""一点都不贵！"等文字内容来突出产品在功能和价格上的优势，再以产品的局部图作为该广告文案的背景图向消费者进行展示，可以快速让消费者对产品建立起非常直观的印象，促使消费者产生购买欲望。

图1-1 某产品的广告文案力

1.1.2 电商文案的分类

电商文案的类型多种多样，不同类型的电商文案，其创作方法和应用场景均会有所不同。常见的电商文案主要有主图文案、详情页文案、促销活动类文案、品牌类文案、海报类文案、软文类文案 6 种类型。下面分别针对 6 种类型的电商文案进行介绍，以帮助大家在创作电商文案时，能够根据不同的文案的特点找到最合适的创作方法和创作重心。

1. 主图文案

主图文案是最早的电商文案类型，位于产品的搜索结果展示页面及产品详情页面中，通常以 JPG、GIF、Flash 等图像格式进行呈现。消费者在购物的时候往往会通过主图文案中的图片和文字来快速了解产品信息，其重要性不言而喻。

主图图片展示的是产品的真实情况，文字则是对产品的说明，其目的在于通过精彩的文案内容吸引消费者注意并产生深入了解产品信息的想法。例如，某产品的主图文案如图 1-2 所示，该文案以图片形式向消费者展示了产品的外观，又通过文字说明准确地向消费者展示了产品的卖点，如"石墨烯""音质真清晰"等，以及价格"59.9元"。

2. 详情页文案

详情页是商家向消费者详细展示产品相关信息的页面。商家销售的产品是否能够使消费者产生兴趣，并最终下单购买，其关键就在于详情页文案的设计。详情页文案可以通过文字、图片、视频等多种形式全面、详细地向消费者展示产品的卖点、外观、功效、规格参数、使用方法等基本信息。此外，还会介绍活动促销、品牌宣传、产品售后等信息。

例如，某款保温杯产品在其详情页文案中向消费者罗列了该产品的6点核心卖点，并在后面的文案内容中针对这些核心卖点进行了详细阐述，希望以此来激发消费者的购买欲望，提高产品的转化率，如图1-3所示。

图1-2　某产品的主图文案　　　图1-3　某款保温杯产品的详情页文案

3. 促销活动类文案

对于电商企业而言，各类促销活动是其提升产品销量和人气的重要方法之一。促销活动类文案就是将促销活动的内容或亮点展示出来以吸引消费者参与。文案创作者在创作促销活动类文案时，应该将产品和促销活动相结合，为消费者提供一些利益点，比如打折、减价、赠品等，然后再通过有感染力和号召力的表述有效刺激消费者的购买欲望。

促销活动类文案往往是电商平台上最常见的文案类型之一，商家可以参与平台组织的各种优惠促销活动，以促进产品的销售，如图1-4所示。

图1-4　促销活动类文案示例

4. 品牌类文案

品牌类文案是指向消费者宣传企业品牌文化的一种文案类型。一篇优秀的品牌文案能够起到很好的品牌宣传效果，帮助商家树立良好的品牌形象，加深消费者对品牌的认知与理解，进而促进产品的销售。例如，某手表品牌的品牌类文案以品牌的创始时间为切入点，通过简单的文字描述和带有年代感的配图，既向消费者介绍了品牌悠久的历史，又传递了品牌的核心价值和理念，如图1-5所示。

图1-5　某手表品牌的品牌类文案

5. 海报类文案

海报既是一种信息传递的视觉表现形式，也是一种常见的大众化宣传工具。海报类文案就是文字、图片、色彩、页面等要素，在融入各种设计风格和创意思维后的有机结合。对于电商而言，海报类文案是商家向消费者传递产品或品牌信息的重要载体，能够起到非常好的营销宣传效果。一篇好的海报类文案通常拥有精美的页面排版和配色，富有创意性的文字和配图，使消费者看一眼就能过目不忘、印象深刻，进而产生购买欲望和购买行为。如图1-6所示为某店铺首页展示的新品促销海报。

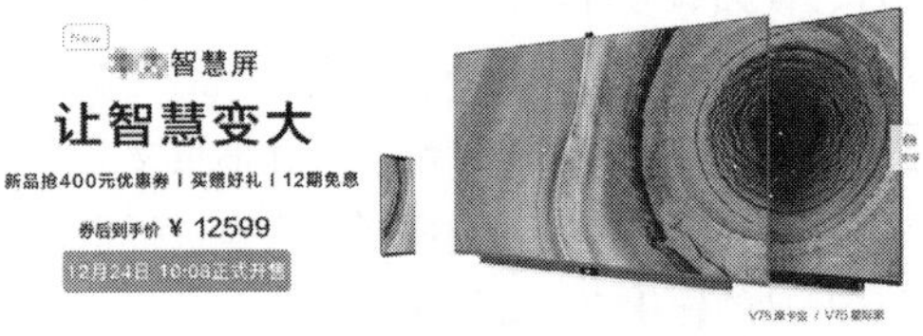

图1-6　海报类文案示例

6. 软文类文案

软文即软性广告文案，是指通过故事、情景、笑话等看似无关的文字，迂回介绍产品或品牌的一种推广营销文案。相对于直接宣传产品或品牌的硬广告文案而言，软文类文案能够起到一种春风化雨、润物无声的传播效果，使消费者在不知不觉中就被文案的内容所吸引，从而走进商家设定的"思维圈"中，产生购买产品的欲望和行为。例如，某商家在手机淘宝上的微淘板块中发布放入一篇软文文案，该文案看似是在向消费者介绍房屋装修设计的方案，实则向消费者推荐装修案例中用到的产品，如图1-7所示。

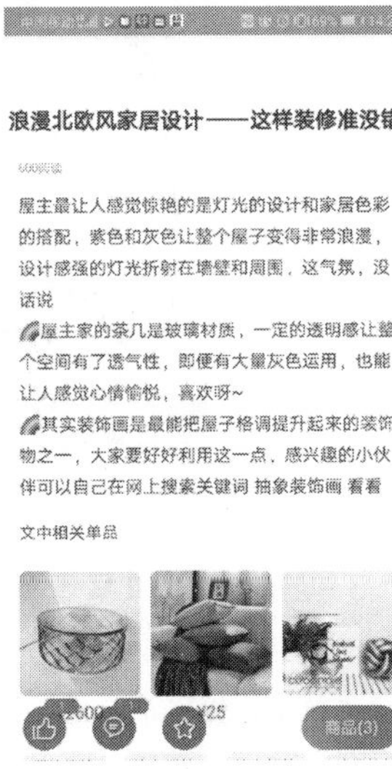

图1-7　软文类文案示例

1.2　电商文案的特征

电商文案是一种网络广告文案，因此它既具有传统广告文案的特征，又带有一定的互联网属性。综合而言，电商文案主要具有3个显著特征，即创作目标市场化、平台渠道互联网化及内容表现多媒体化，如图1-8所示。

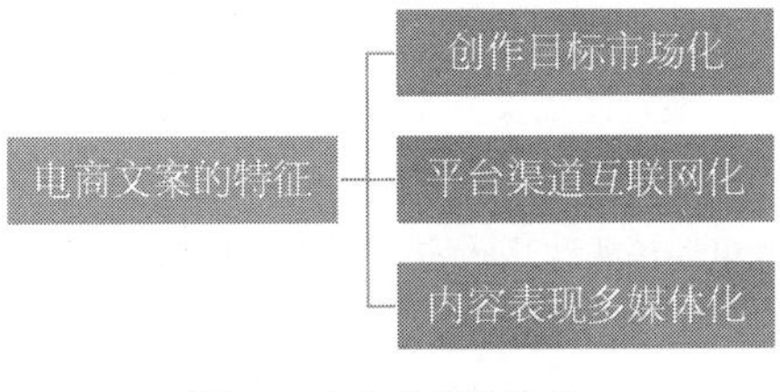

图1-8　电商文案的特征

1.2.1　创作目标市场化

电商文案创作的目的在于促进产品的交易，这就要求创作者不管是在主题的表达上还是产品信息的传递上，都要以市场化的商业目标为主。

在文案的创作过程中，创作者需要通过不同的表达方式来串联文案内容，让消费者对文案所要表达的内容有一个全面的认识。因此，要实现创作目标市场化就需要从以下两个方面入手。

（1）让消费者了解产品的基本信息，有效促进产品销售。

（2）打造产品的品牌形象，增强产品的品牌力，为产品的长期销售奠定基础。

1.2.2　平台渠道互联网化

电商文案的媒介平台是互联网，所以电商文案自带互联网属性，在写作方式、重播渠道、传播手段等方面都与传统文案具有一定的区别。电商文案的互联网化主要体现在以下两个方面。

（1）电商文案中的用语更加自由和时尚。基于网络特点，电商文案中的用语更加自由和时尚，常常使用各种网络上的热词、新词及流行语来吸引消费者的关注。

（2）电商文案更侧重互动和分享。传统的广告文案的传播模式为 AIDCA 模式，如图 1-9 所示。在该模式下，文案首先需要吸引消费者的注意，然后要激发消费者的购买欲望，阅读过程还要有趣，接着还要帮助消费者建立购买产品的信心，并引导消费者产生购买行为。

图1-9　AIDCA模式

对于电商文案而言，不仅要遵循 AIDCA 模式，还要考虑双向互动的"二次传播"模式。也就是说，电商文案不仅要考虑如何引发消费者的阅读兴趣，还要让消费者在阅读完文案内容后能够积极参与到活动中来，并将文案中的内容分享给其他人，使文案实现二次传播。

1.2.3　内容表现多媒体化

相较于传统广告文案，电商文案具有更加丰富的内容表现形式和传播渠道。电商文案中不仅包括文字、图片等传统的内容表现形式，还能通过视频、音频、H5 及超链接等多媒体形式，丰富文案的内容，加强文案的吸引力。

图1-10　淘宝直播

不同的内容表现形式给文案的创作提供了更大的创意空间，使消费者能够全面立体地了解产品，身临其境地感受产品，并心甘情愿地传播产品信息。例如，"淘宝直播"主要通过视频直播的方式，展示产品的外观、功能等内容，以增加消费者对产品的信任，而直播的讲解内容，其实也就是一种宣传文案，如图 1-10 所示。

1.3　电商文案的商业价值

电子商务时代，消费者对产品的需求越发多元化，除了基本生活需求，还有很多心理需求。电商文案的出现和发展，很好地抓住了消费者的心理需求，用最小的成本和代价引起消费者的情感共鸣，从而达到营销推广的目的。因此，电商文案在新时代的商务活动中具有巨大的商业价值。电商文案的商业价值主要体现在以下方面。

1.3.1　增加消费者的信任，促进产品的销售

电商文案的主要目的是要让消费者对文案内容描述的产品或品牌产生信任，并在这种信任的基础上产生购买产品的欲望。因此，文案创作者为促进产品的销售，需要通过各种方法来取得消费者的信任，如在文案中展示产品信息、第三方评价、各种专业机构的认证证书等。除此之外，文案创作者还应从人文方面对消费者进行关怀，引起消费者情感上的共鸣，取得消费者的认同，从而促使消费者产生购买欲望。

例如，某款食品类产品的电商文案，在详情页中增加了其他消费者的购买评价，以此来证明产品的品质，加深消费者对产品的信任，进而促进产品的销售，如图1-11所示。

图1-11　某款食品类产品的电商文案

1.3.2　树立品牌形象，增强品牌竞争力

不少消费者在选购产品时都会不同程度地受到品牌的影响，从而产生不同的购买偏向。因此，很多商家都开始重视对品牌的营销，常常通过电商文案生动形象地向消费者展示品牌文化、品牌的形成过程及品牌包含的价值观等，试图通过这种方式来提高品牌的形象和地位，增加消费者对品牌的好感度和信任度。经过长期的宣传，品牌即可累积一定的社会公信力，在市场中具有更强的竞争力。

例如，某豆瓣品牌撰写的品牌故事文案，通过描述产品的制作工艺和特点，来提升品牌的公信力，让更多的消费者认识和认同该品牌，如图1-12所示。

图1-12　某豆瓣品牌撰写的品牌故事文案

1.3.3　增加多方互动

很多电商文案的传播方向都不是单向的，而是双向的。在传播过程中，商家可以获得消费者的反馈，可以根据反馈及时调整营销方向及修正各种错误。此外，在论坛、微博、微信等平台上传播文案时，消费者与商家之间、消费者与消费者之间还能进行沟通互动，形成讨论话题，从而产生二次宣传与营销效果。

如图1-13所示为某电视品牌的微博营销文案，该文案通过抽奖送电视的形式吸引更多消费者参与互动，以加强与消费者之间的联系。

图1-13　某电视品牌的微博营销文案

1.4　电商文案工作的基本要求

早期电商的文案工作与策划工作几乎是一体的，但随着电商行业中各个岗位的逐步细分，电商文案工作也变得越来越具体，从而诞生了专业的电商文案岗位。一名优秀的文案创作者不仅可以撰写出优秀的文案作品，引起大众的共鸣；同时，还能在产品或服务的设计策划、营销推广等方面为企业其他部门的人员提供帮助，以实现企业最终的销售目标。

1.4.1　电商文案工作的岗位要求

根据市场上各类招聘网站对电商文案工作的职位描述和岗位要求，可以将电商文案人员的岗位要求归纳为以下几项。

- 根据公司的品牌定位及产品风格，对产品或品牌进行创意思考及文案策划。
- 负责提炼产品的卖点和创意，撰写出能突出产品特点、展现产品价值、使消费者产生强烈购买欲望的产品详情页文案。
- 负责公司活动促销文案、推广海报文案、品牌宣传文案、软文等各类营销文案的策划和撰写工作。
- 了解并学习各平台的规则，分析市场上的同类竞争品牌和受众心理，撰写品牌文案，提升公司和品牌的形象。
- 熟练掌握和运用各种新媒体营销推广渠道进行文案的撰写和发布，提高产品和品牌知名度。
- 配合运营推广团队完成推广方案的策划和撰写，为公司各项推广营销活动提供强有力的文案支持。

除此之外，文案岗位还有专业方面的要求，一般倾向于选择广告、新闻、中文等专业的就业者。但电商文案的灵活性很大，若是电商文案岗位的求职人员拥有出色的文案功底或是对电商行业有独到见解，具有创新思维，也会适当放宽择取条件。

1.4.2　电商文案创作者的能力素养

电商文案创作者的能力素养将直接决定文案作品的优秀与否。一名合格的文案创作者应该具备以下几项胜任岗位的基本能力和职业素养。

- **具备良好的协调合作能力。** 电商文案的创作所涉及的范围比较广，通常需要与企业各部门的工作人员进行多方协调与沟通，因而文案创作者需要具备良好沟通协调能力和团队合作能力。
- **具有敏锐的市场洞察力，** 具备能够快速并准确地捕捉产品亮点，对受众进行深入分析的能力。
- **具备优秀的文案策划和编辑能力，** 具备扎实的文字功底，能够写作出语言流畅、逻辑清晰，能够打动目标消费者的电商文案。
- **具有丰富的想象力和创造力，** 思维活跃，能够从多样化的角度去看待事物，找到事物不同的切入点，从而创作出有创意、有新意的电商文案。
- **具有很强的理解能力，** 对互联网领域的电商、新媒体等行业能够保持一定的新鲜感和敏感度，能够及时有效地捕捉行业热点，掌握行业的最新趋势。
- **具有高度的责任感，** 拥有爱岗敬业、诚实守信的工作作风和严谨踏实的工作态度。

电商文案创作者可以说是一个"杂家"，不仅要具备优秀的文案撰写能力，还要具备一定营销策划能力；既要对产品和品牌非常熟悉，又要掌握很多其他方面的知识和各种热点资讯，还要保持活跃的思维和清晰的逻辑。这就对电商文案创作者提出了较高的要求。

1.5 高手秘籍

技巧1——撰写电商文案应该注意的事项

在撰写电商文案的过程中，文案创作者应该始终站在消费者的角度来思考，将产品的特点与消费者的需求紧密联系在一起。同时，还要注意不要让消费者产生疑惑和困扰。在撰写电商文案时应该注意以下几个方面的问题。

（1）避免复杂的修辞和文字游戏。消费者阅读电商文案是为了了解产品，而不是为了欣赏文案创作者的文字构思。赋有创意的文案，固然可以吸引消费者的注意，但过于复杂的修辞和过于烧脑的文字游戏，只会让消费者感到困惑，不利于消费者对文案的阅读和理解。所以，电商文案在保持创意的同时，要注意尽量避免使用复杂的修辞和文字游戏，以免影响文案的传播效果。

（2）避免使用负面或贬低他人产品的信息。电商文案中可以尽可能地去表现自己产品的优点，但尽量不要去贬低他人的产品，或者给消费者传递一些负面信息，因为这样做既不能赢得消费者的好感，也无法提升自己产品的品质，是一种得不偿失的做法。

（3）好文需要配好图。一篇好的电商文案大多是图文结合的，用文字内容来进行描述和说明，结合图片来帮助消费者理解。为走心的文字内容配上一张合适的图片，能更好地吸引消费者的注意力，获得不一样的传播效果。

技巧2——如何提升电商文案创作者的能力素养

一名优秀的电商文案创作者一定是一个理性与感性并存的人，他们通常拥有优秀的创新能力和思考能力。要想成为一名优秀的电商文案创作者，需要在日常生活中一点一滴地去积累文案创作的经验，不断提升自己的能力素养。下面介绍几个提升电商文案创作者能力素养的方法。

（1）勤练多写。文案创作者当然要会写作，好的创意需要被表现出来。文案创作者要养成文字记录的习惯，随时随地记录一下自己的心情感受。这些文字未必都是直接有用的，但是在撰写的过程中会帮助文案创作者梳理思路，激发出许多灵感。当文案创作者一旦有了灵感后，就应该及时将其记录下来以备后用。

（2）要热爱生活。只有热爱生活，生活才会给你动力。文案创作者要了解时尚流行文化，不断地寻找新的刺激点和兴趣点，使自己时常对生活保持新鲜感，这样才能保证电商文案创作的活力。

（3）重视知识的积累。广博的知识是文案创作的基础，电商文案创作者必须对各个方面的知识都要懂一点，通晓的东西越多，创作时的素材就越多，也越不容易出现常识性错误，对文案的创作非常有利。

（4）培养阅读的能力。优秀的文案创作者往往都喜欢阅读，他们需要通过阅读来获取更广泛的知识，并从中汲取文案创作的素材和灵感。因此，文案创作者要努力地提高阅读的效率，提升阅读的能力，从而快速地获取大量而广泛的知识，为电商文案的创作奠定坚实的理论基础。

第2章

电商文案创作前的准备工作

本章导读

　　要想创作出优秀的电商文案作品，除了要熟悉互联网的传播和互动方式，还应该具备敏锐的市场眼光。在创作电商文案时，文案创作者们应该首先对市场进行调研和分析，然后对产品和消费者进行分析定位，并根据分析结果撰写电商广告创意简报。

2.1 市场调研和环境分析

进行市场调研与环境分析是电商文案创作前的第一项准备工作。如果想要电商文案达到预期的效果，创作者就需要通过科学的方法进行市场调研和环境分析，及时掌握销售产品的市场状况，从而创作出有针对性的电商文案。

2.1.1 市场调研

产品的市场环境和市场因素总是在不断变化，为了创作出符合市场需求的产品文案，真正实现产品的经济效益，文案创作者需要对销售的产品进行市场调研。文案创作者最好能够亲自参与到市场调研和文案策划的全部过程中，并对市场调研的结果进行认真分析，理解文案策划的意图。

市场调研在文案创作中的作用主要有以下三点。

（1）为电商文案的策划提供科学依据。市场调研能够为电商文案的策划提供依据和参考，是整个电商营销活动的基础。

（2）为电商文案的创意和设计提供素材。要想创作出创意独到的电商文案就需要深入市场进行广泛的调研，这样才能获取到大量贴近消费者真实生活的优质创意素材。

（3）有利于监测电商文案的效果。市场调研能够有效地对电商文案的营销效果进行评估，创作者可以根据效果来改进电商文案。

2.1.2 市场环境分析

市场环境分析是指对产品市场的营销环境进行分析，分为宏观市场环境分析和微观市场环境分析两种。

1. 宏观市场环境分析

宏观市场环境是指企业无法直接控制的因素，但能够间接对企业的营销能力和效率构成一定影响，包括政治法律、经济、技术和社会文化等因素。通常，可以利用PEST分析法来对产品的宏观市场环境进行分析，如图2-1所示。

图2-1　PEST分析法

- **政治法律要素（P）。** 是指对组织经营活动具有实际与潜在影响的政治力量和有关的法律、法规等因素。具体的影响因素包括：政治体制、政府管制、环保制度、税收政策、国际贸易章程与限制、竞争规则、政治稳定性及其他法律法规等。

- **经济要素（E）。** 是指一个国家的经济制度、经济结构、产业布局、资源状况、经济发展水平及未来的经济走势等。具体的影响因素包括：GDP 的变化发展趋势、利率水平、通货膨胀程度及趋势、失业率、居民可支配收入水平、汇率水平、能源供给成本、市场机制的完善程度、市场需求状况等。

- **社会文化要素（S）。** 是指组织所在社会中成员的民族特征、文化传统、价值观念、宗教信仰、教育水平及风俗习惯等因素。具体的影响因素包括：人口规模、年龄结构、种族结构、收入分布、消费结构和水平、人口流动性等。

- **技术要素（T）。** 不仅包括发明，而且还包括与企业市场有关的新技术、新工艺、新材料的出现和发展趋势及应用背景等。具体的影响因素包括：政府研究开支、产业技术关注、新型发明与技术发展、信息技术变革、互联网的变革、移动技术变革等。

例如，近年来国家大力发展网络教育，因此，某款平板电脑产品专门以该产品的在线教育功能为卖点，撰写电商文案，如图 2-2 所示。

2. 微观市场环境分析

微观市场环境是指能够直接影响企业营销能力和效率的各种力量和因素的总和，主要包括企业自身、供应商、营销中介、消费者、竞争者及社会公众等因素。例如，某服装品牌通过对企业自身发展情况进行分析，然后根据品牌的历程，创作的电商品牌文案，如图 2-3 所示。

图2-2　某款平板电脑产品的电商文案

图2-3　某服装品牌的品牌文案

2.2 产品分析

电商文案的创作必然要以产品为基础，因此，文案创作者在进行文案创作之前一定要对文案中描述的产品有一个全面的了解和认识，这样才能撰写出符合产品特点的文案内容。通常，文案创作者可以从产品的市场定位、产品的独特卖点、产品的生命周期及产品的品牌形象 4 个方面来对产品特性进行深入分析。

2.2.1　产品的市场定位

越来越丰富的产品种类和品牌使消费者有了更加广泛的选择空间，为了更好地找到目标消费群体，在创作电商文案时需要对产品进行市场定位。

产品的市场定位是指根据产品的某种属性或特征，强有力地塑造出该产品与众不同的、令人印象深刻的产品形象，并迅速、准确地将这种形象传递给消费者，从而使该产品在市场上确定适当的位置。例如：一提到互联网坚果品牌就想到三只松鼠；一提到无硅油洗发水就想到滋源；一提到性价比手机就想到小米手机。

一般来说，产品的市场定位方法主要有 10 种，如图 2-4 所示。

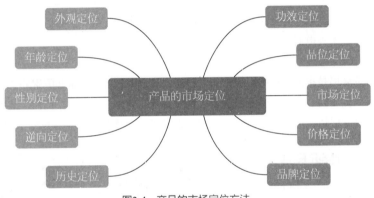

图2-4　产品的市场定位方法

2.2.2　产品的独特卖点

产品的卖点主要是指产品所具备的一些独一无二的特点和特色。这些独一无二的特点和特色来源于两个方面：一是产品与生俱来的；二是通过文案创作者的想象力和创造力生产出来的。电商文案的创作者要从产品的众多卖点中挖掘和提炼出最能够体现产品特性的独特卖点，以此来激发消费者的购买欲望。

广告学中有一个著名的 USP（Unique Selling Proposition）理论，它要求广告创作应向消费者表现出产品"独特的销售主张"，这个主张包括三个方面的内容，如图 2-5 所示。

- ■ 利益承诺。强调消费者购买该产品能够获得的实际利益。
- ■ 独特性。具有竞争对手无法提出或没有提出的产品特性。
- ■ 说辞强有力。广告的内容必须要能够对消费者形成很强的吸引力。

图2-5　USP理论的内容

　　例如，某调和油的产品文案通过"黄金比例1∶1∶1"的独特概念，不仅形象地传达出该产品由三种油调和而成的特点，还满足了消费者对于最佳营养配方的理性诉求，如图2-6所示。

图2-6　某调和油的产品文案

　　产品卖点的展现角度是多元的，电商文案中常见的产品卖点展现角度主要包括产品的材质、外观、工艺、功能、理念、概念和情怀等。作为电商文案的创作者，需要从产品的众多卖点中挖掘和提炼出最能够体现产品核心竞争力的独特卖点，这个卖点可以瞬间让消费者记住，从而区别出这个产品的竞争力。

2.2.3　产品的生命周期

　　产品的生命周期是指产品进入市场到最终退出市场的整个过程。不同的产品由于自身特性和市场需求的不同，其生命周期也会有所不同。电商文案创作者在创作文案时，必须明确产品所处的生命周期，采取不同的创作方式和创意技巧，有针对性地创作文案。产品的生命周期可以分为萌芽期、成长期、成熟期和衰退期4个阶段。

1. 萌芽期

　　萌芽期一般是指产品销售期的前3个月至前6个月的这一段时期。这一时期的产品通常没有销量，更没有评价，也不容易被消费者搜索到，甚至付费推广都不会有效果。这一时期创作的文案其主要目的是吸引消费者的注意，提高产品的知名度，使产品迅速进入市场。电商文案可以使用一些具有时尚感和新奇感的语句，通过夸张的排版和颜色等，突出产品的新特点和功能，强调卖点。

2. 成长期

成长期是指产品上市后半年至 1 年的这一段时期。这一时期产品的销量和价格都在慢慢增长，商家的主要工作就是进一步加大产品的投资优化，扩大市场和销量。这一时期的电商文案主要目标是增加消费者对产品和品牌的好感度，因此创作的文案应该更具针对性和说服性，文案创作者可以在文案创作中加入一些能够说服或者促进消费者产生实际购买行为的信息。

3. 成熟期

成熟期的产品已经在市场中销售了一定的时间，市场竞争相对激烈，产品的价格开始慢慢下降，产品销量也开始慢慢减少。这一时期的文案创作其主要目的是提醒消费者持续、重复购买产品。因此，文案创作者需要把握产品的各种促销时机，想尽一切办法维持消费者的忠诚度，通过文案内容塑造和展示品牌形象，刺激消费者持续或重复购买产品。

4. 衰退期

衰退期的产品销量大幅下降，商家需要清库存，并更新推广新的产品。因此，这一时期商家通常不需要在文案创作上进行太多投入，只需简单创作一些关于打折促销活动的文案即可。

例如，同样是牛奶产品，萌芽期产品的文案和成熟期产品的文案分别如图 2-7 和图 2-8 所示，无论是设计风格还是内容表述都截然不同。

图2-7 产品萌芽期的文案

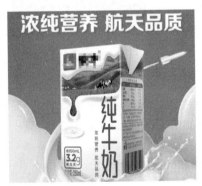

图2-8 产品成熟期的文案

2.2.4 产品的品牌形象

产品和人一样，也有其自身的个性，而品牌形象就是指品牌的个性。一个个性鲜明的产品品牌形象，能快速建立起产品与消费者之间情感需求的关系，让消费者觉得品牌形象能够满足自己的期望，符合自己的风格，进而对该产品产生认同与偏好。

产品品牌形象策略就是使产品具有与其他产品不同的形象特征。要想塑造好一个产品的品牌形象，必须从产品的特性、消费者的利益、市场竞争及企业形象等多个角度进行仔细分析和研究，然后再通过文案形式来加以实现。

如今，在电商市场中许多商家都纷纷塑造起具有自身特色的产品品牌形象。例如，某保健产品通过"馈赠佳礼 健康相随"等文案内容，塑造了该产品"送礼佳品"的产品形象，如图2-9所示。

图2-9 某保健产品的文案

 ## 2.3 消费者分析

了解和熟悉消费者是电商文案获得良好传播效果的必要前提之一。文案创作人员在创作文案时，要以产品的受众为基础，了解产品的消费对象到底是谁，分析消费群体的社会角色、地位和阶层，以及消费者对于产品的具体需求，从而创作出能够真正打动消费者，引发消费者产生情感共鸣，并最终做出购买决策的优秀文案作品。

2.3.1 精确定位目标受众

为了使电商文案达到最好的营销效果，在创作文案之前首先需要对产品的目标受众进行精确定位。通过对搜索人群的社会属性、购买偏好、行为偏好等数据进行分析，可以有效掌握目标消费人群的基本特征，从而更加精准、有效地触达目标消费者。通常，分析搜索人群画像包括以下几个方面。

- 属性分析。通过分析搜索人群的基本属性，获得潜在的消费者特征，从而帮助商家更有针对性地进行产品优化及营销推广。
- 行为分析。通过分析搜索人群的优惠偏好、支付偏好等数据，能够更好地规划店铺的营销策略。
- 购买偏好。通过分析搜索人群对品牌及类目的购买偏好，能够更好地了解潜在消费者所偏好的产品特征，更好地制定营销策略和文案描写。

■ 对比分析。通过对比分析不同搜索词所对应的搜索人群，能够更好地掌握不同搜索人群的基本特征，从而更好地制定营销策略，提高转化率。

利用"生意参谋"等专业的数据分析工具可以快速对目标受众的人群画像进行分析。通过搜索人群画像分析可以直观地了解目标消费人群的地域分布、优惠偏好、支付偏好等信息，以帮助文案人员更好地进行文案策划和撰写。例如，在生意参谋中可以对搜索某类帽子产品的人群画像进行分析，如图2-10所示。可以看到图中对搜索人群优惠偏好的分析显示，大多数搜索帽子产品的消费者都喜欢包邮、聚划算等优惠方式。因此，在帽子产品的电商文案中，应该尽可能地将包邮、聚划算等优惠信息展现出来。

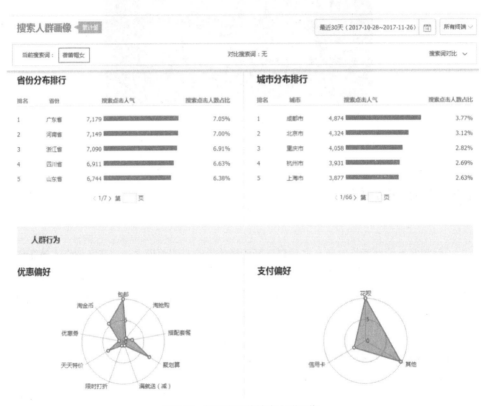

图2-10 帽子产品的搜索人群画像

2.3.2 分析消费者的购买动机

消费者的购买动机是消费者在选购产品时所产生的一种心理动力，它是驱使消费者产生实际购买行为的内在原因。消费者的购买动机通常包括追求产品的实用性、方便性、安全性、廉价性、美观性等多种动机。对消费者的购买动机进行分析，有助于文案创作者觉察和掌握消费者购买产品的真实意图，从而有针对性地进行文案创作。

例如，一款面膜产品的电商文案如图 2-11 所示。该文案从消费者的购买动机出发，突出了产品焕白、提亮、清润和补水 4 大功效。对于需要其中任何一个功效的消费者来说，如果购买这款产品后不仅可以满足自己本来的需求，还能同时拥有了其他 3 个强大附加功效，这样就很容易激发他们的购买意愿，促使他们产生下单购买的行为。

一般而言，影响消费者购买动机的因素主要有以下 3 点。

（1）环境因素。环境因素主要是指自然环境、文化环境、社会环境和经济环境等外在的社会化环境因素。环境因素会影响消费者的购买意向，比如冬季雾霾较大，空气污染严重，所以防霾口罩产品在这一段时间内的销量就会比较好；又比如在盛夏季节，消费者对遮阳伞、遮阳帽、防晒霜等防晒产品的关注度通常很高。

（2）产品因素。产品因素主要是指对产品的质量、性能、价格、款式、服务、广告和购买便捷性等因素的考虑。例如，在"淘宝直播"中消费者可以在观看直播的同时直接通过产品的购买链接购买产品，这就比传统视频营销结束后还要告知消费者通过何种渠道进行购买要便利许多，如图 2-12 所示。

（3）消费者个人及心理因素。由于消费者自身经济能力（如购买能力、接受程度）、兴趣习惯（如颜色偏好、品牌偏好）等不同，会产生不同的购买意向，并且消费者的心理、感情和实际的需求各不相同，也会产生不同的购买动机。

图2-11 防晒产品的电商文案

图2-12 "淘宝直播"的产品直播界面

2.3.3 分析消费者的消费心理

消费者在购买产品时往往会经历一系列复杂的心理活动，如果文案创作者能够对消费者的购物心理进行深入剖析，准确地定位消费者的购买行为，撰写出符合消费者心理需求的文案，就能对产品的销售起到很好的促进作用。常见的消费心理主要有6 种，如图 2-13 所示。

1. 从众心理

从众心理是指消费者受到大多数人群的影响，

图2-13 常见的消费心理

从而跟随大众做出相同行为的一种心理。从众心理是非常常见的一种消费心理，具有一定的仿效性、盲目性。其实，很多消费者在购买产品时，都会表现出一种从众倾向，比如购物时喜欢选择销量高的产品；选择品牌时偏向市场占有率高的品牌等。

如图 2-14 所示的某护肤品文案就是利用消费者的从众心理来进行创作的。该文案重点强调了产品的高销量，说明购买该产品的消费者众多，那么相信有不少消费者在需要购买护肤产品时也会更加偏向于购买这款大多数人都青睐的护肤产品。

图2-14　某护肤品的文案

2. 好奇心理

好奇心理是指某些消费者对市场上不常见的产品，或者比较新颖独特的产品所产生的一种希望了解或使用的心理倾向。那些好奇心比较强的消费者一般比较偏爱新奇、时尚的潮流产品，比如平衡车、智能机器人、蓝牙耳机等产品能在市场上风靡一时正是迎合了消费者这一心理。

如图 2-15 所示是一款智能音响的产品文案，该文案以"会点"咖啡作为卖点，来唤起消费者的好奇心，使消费者对该产品的这一特殊功能产生兴趣，从而产生了解产品的欲望。

3. 实用心理

实用心理是指消费者特别注重产品的功能性和实用性的一种心理动机。在产品交易过程中，拥有实用心理的消费者，其首要需求便是产品必须要具备实际的使用价值。对待这种类型的消费者，文案创作者在撰写文案时，要特别注意对于产品的质量、功能等的实用性描述，不用过分强调产品的外形、个性特点等。

例如，某款扫地机器人的产品文案从智能、洁净、全面、持久 4 个方面重点描述了该产品的功能卖点，以突出产品的实用性，如图 2-16 所示。

图2-15　某款智能音响的产品文案

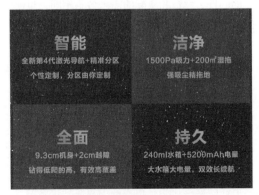

图2-16　某款扫地机器人的产品文案

4. 攀比心理

攀比心理也叫面子心理，是消费者参照自己所在的阶层人群，而产生的一种比较心理。对于别人拥有的某种产品，具有攀比心理的消费者很在乎自己是否也拥有这种产品。所以针对这一类型的消费者，文案创作者在撰写文案时，可以通过与参照群体的对比来吸引消费者。例如，某款坚果产品的文案，一个"更"字就满足了消费者在送礼时要面子的攀比心理，如图2-17所示。

图2-17　某款坚果产品的文案

5. 炫耀心理

炫耀心理是指消费者欲向他人炫耀和展示自己的财力、社会地位、声望等的心理，此时这类消费者往往会忽视追求产品的实用性。电商市场上那些价格昂贵的名牌产品，刚好迎合了消费者这一心理。例如，某款手机产品的文案，直接在其文案中给予目标消费者优越感，让消费者感受到这既是一部奢华手机，也是进入高端品质生活的一张门票，以此来满足消费者的炫耀心理，如图2-18所示。

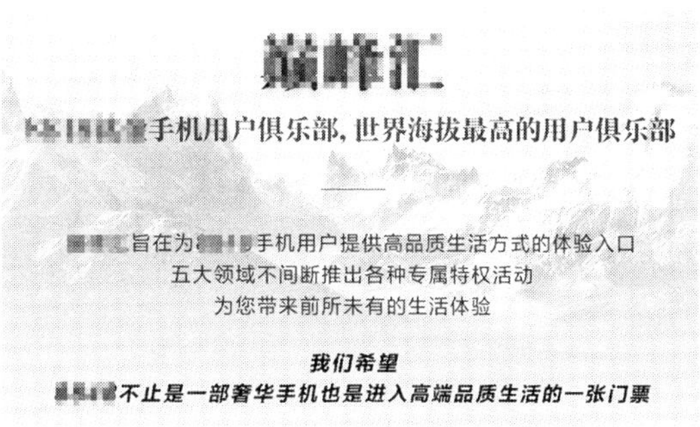

图2-18　某款手机产品的文案

6. 受尊重心理

根据马斯洛需求层次理论，当人们的生理与安全需求得到解决后，就会上升到"尊重需求"。消费者购物也一样，当产品在性能方面满足了消费者的基本需求之后，消费者受尊重的需求就会凸显出来。而商家们为了满足消费者这种受尊重的心理，在经营过程中一向是将消费者奉为"上帝"，为其提供最优质的产品的服务。

如果店铺的服务质量很差，即使产品的质量再好，消费者也未必会购买，因为消费者没有从商家那里获得尊重。因此，电商文案创作者们在进行文案创作时也必须要考虑到消费者这种受尊重的心理，创作的文案要能够让消费者感受到来自商家的真诚和尊重。

例如，某坚果品牌的文案通过表现优质的客服服务，来使消费者获得尊重感，从而增强消费者对于品牌的黏性，如图2-19所示。

图2-19　让消费者获得尊重感的文案

2.3.4 找准消费者的"痛点"

消费者的痛点简单来说就是消费者购买产品的理由，也是消费者真正的需求所在。商家只有站在消费者的角度，去挖掘那些让消费者不得不购买这款产品的理由，以消费者的痛点来带动产品的卖点，才能够有效地打动消费者，从而激发他们的购买欲望。

电商文案的创作需要精确捕捉消费者的需求和欲望，通过文案让消费者与品牌和产品建立连接。比如汽车用品的痛点就是安全、天然和环保等；家居产品的痛点是做工精良、经久耐用等；食品类产品的痛点则是健康、美味、新鲜等。

如图 2-20 所示是一家专门经营午睡用品的店铺设计的品牌文案，该文案抓住了不少消费者由于工作环境的限制无法很好地进行午休这一痛点，在文案中提出了"随时随地 舒适午休"的品牌理念，以此来满足消费者对于舒适午休的需求。

图2-20 某店铺设计的品牌文案

2.4 撰写电商广告创意简报

广告创意简报是对广告创意策略的说明，它可以帮助文案创作者更好地理解电商广告策略的核心部分。一份出色的电商广告创意简报不仅能为电商广告的创作确立方向、制定策略、发出指引，还能在事实与创作之间起到纽带作用，确保广告策略和广告创意的统一性。

创意简报主要包括 5 个部分的内容，如图 2-21 所示。

其中，品牌定位包括品牌名称、品牌调性、产品架构及消费者利益点等内容；创意说明包括广告目标、目标诱因、期望回应等内容。

例如，某品牌洗面奶产品的广告创意简报见表 2-1。

图2-21 创意简报的主要内容

表2-1 某品牌洗面奶产品的广告创意简报

项目	主要内容
品牌计划	打造高品质的护肤产品
品牌定位	××洗面奶主打美容养颜，护肤抗衰老
创意说明	通过对××洗面奶产品的广告宣传，使消费者可以更加了解××洗面奶，改变消费者的观念，让消费者认识到××洗面奶的护肤价值和保养功效，提高××洗面奶的知名度和整体销量
销售方法	线上销售
传播策略	通过电商平台传播，通过微信、微博等社交平台传播

2.5 高手秘籍

技巧 1——通过体验产品，清晰全面地认识产品

文案创作者想要写好一篇文案，首先需要了解产品、认识产品。要想更清晰全面地认识产品，文案创作者可以做产品的第一批用户，亲身体验和试用产品，然后根据自己的真实体验撰写文案，这样创作出来的电商文案才更有针对性和感染力。那么，文案创作者要怎样去做产品体验呢？

（1）完整体验产品。要完整体验产品，并提出带有深度的问题。

- 作为用户，对产品的外观感受是什么样的？
- 产品的材质怎么样？
- 产品在什么场景下使用？
- 产品能帮助用户解决什么需求？效果怎么样？
- 产品的操作是否便捷？
- 产品的功能都有什么用？

（2）持续体验。用一周左右的时间持续、反复体验产品，避免浅尝辄止。

（3）与同类产品对比体验。不深刻了解竞争对手产品，就无法知道自己产品的优势在哪里，所以产品体验，不能忽视对比体验。例如，需要进行文案创作的产品是一款护手霜产品，除了使用自己的产品，还可以找两款竞争产品来进行对比体验，发现彼此的优缺点。

技巧 2——如何通过产品卖点提升电商文案的核心竞争力

对于产品卖点的提炼有 3 个出发点，即迎合目标用户、基于产品本身、贴合市场环境。要想提升电商文案的核心竞争力，提炼出好的产品卖点是关键，文案创作者可以从 3 个大方向，14 个细节入手提炼产品的卖点。

（1）产品卖点要能反映产品的过硬品质。产品卖点要反映产品品质可以从以下 4 点入手。

- 原材料优势。比如采用的是行业公认的优质原料、某知名品牌生产的原料、达到国际较高标准的原材料等。
- 生产设备优势。比如采用的是最新的生产技术、新一代的生产设备、行业知名品牌的生产工艺等。
- 专业人员优势。比如拥有高资历的研发团队、多年从业经验的成熟操作团队、行业知名的专家指导团队等。
- 品质控制优势。比如拥有行业高标准的质量管理体系、特殊的品质把关步骤、严格的次优品处理程序等。

（2）产品卖点要能反映产品的高性价比。产品卖点要反映产品的高性价比可以从以下 4 点入手。

- 价格优势。比如因为享受税收减免、环保补贴等政策，或者具有规模化生产优势等客观原因使得产品自带价格优势。需要注意的是，把价格作为产品的卖点，一定需要一个相对客观的理由。
- 价值优势。比如使用周期更长、效率更高等。产品的价值优势也需要有客观的数据支撑，文案中的产品卖点描述必须客观，不能凭空杜撰。
- 物流优势。比如承诺次日达、运输过程可跟踪、国内保税仓直发等。
- 服务优势。比如支持售后上门服务、货到付款、7 天无理由退换货等。

（3）产品卖点要能反映品牌（店铺）值得信赖。产品卖点要反映品牌（店铺）值得信赖可以从以下 6 点入手。

- 行业口碑。比如客户的好评、员工的好评、同行的好评等。
- 合作品牌。比如是某知名品牌的供应商、大型国际国内活动的供应商、政府指定供应商等。
- 品牌资质。比如产品或品牌获得的各种榜单荣誉、品牌认证，以及专业机构授予的资质等。
- 品牌贡献。比如品牌（店铺）的销售额、利润额、员工人数及公益贡献等。
- 品牌文化。比如品牌推崇的正能量文化、品牌相关文化活动专题等。
- 品牌效应。比如广告投播情况、媒体合作情况、宣传推广况以及品牌商标等。

上述内容基本上能涵盖常见的产品卖点。但在提炼产品卖点时，只需根据特定的渠道和场合，着重表达两三个卖点就足够了。

第3章

电商文案的创意方法与写作思路

本章导读 ◎

　　只有富有创意且构思精妙的文案内容，才能赢得消费者的青睐，对消费者的购买行为产生影响，从而有效促进产品的销售量及品牌的知名度。因此，为了创作出优质的电商文案，创作者需要掌握一些常用的创意方法和写作思路。本章将针对电商文案的创意方法与写作思路进行详细讲解。

3.1 电商文案常用的创意方法

电商文案创作是一项创造性的工作，需要创作者通过创造性的思维方式来赋予文案独特的创意。电商文案中常用的创意方法主要包括垂直思维法和水平思维法、收敛思维法和发散思维法、顺向思维法和逆向思维法、头脑风暴法及九宫格思考法。

3.1.1 垂直思维法和水平思维法

垂直思维法是一种利用传统逻辑来解决问题的思维方法，它偏重以往的经验或模式，是对以前观念的改进，因此这种创意方法往往缺少创新。例如，雨伞产品的电商文案中经常出现防晒防雨、结实耐用、设计精美、携带方便等常规的雨伞产品宣传词汇，如图3-1所示。

水平思维法是指从多角度、多方位寻求各种不同的新见解，以摆脱旧意识、旧经验的约束，来寻求解决问题的一种思维方法。水平思维法与垂直思维法正好相对应，是一种非常适合创新的思维方法。例如，同样是雨伞产品，采用水平思维法创作的电商文案中并没有直接表述雨伞很大很宽，而是以情感为切入点，以"一伞撑起一个家"为主题，来表现雨伞的宽大，如图3-2所示。

图3-1　利用垂直思维法创作的雨伞产品文案　　图3-2　利用水平思维法创作的雨伞产品文案

垂直思维和水平思维两种思维方法都是文案创意中最基本、最常用的方法，对于电商文案创作来说，混合使用这两种方法进行创意，会带来更好的宣传效果。

3.1.2 收敛思维法和发散思维法

收敛思维法又称为聚合思维法、集中思维法，是指在解决问题的过程中，以某个问题为中心，尽可能利用已有的经验和知识，从不同角度、不同方位将思维指向这个中心，从而得出一个合乎逻辑规范的结论。收敛思维法是一种通过综合收集已有的信息，推断出结论的思维方法。

例如，某牛奶产品的文案就是利用收敛思维法创作的，该文案通过对产品的营养成分、奶源地、生产标准、生产工艺等内容进行展示，来向消费者证明产品的品质，如图3-3所示。

图3-3　利用收敛思维法创作的牛奶产品文案

发散思维法又称为辐射思维法，是指思维的方向是发散的、向外辐射的，即是以某个问题为中心（从一个点出发），朝着不同的方向去思考，充分发挥人的想象力，从各种各样的答案和想法中找出更好的结论的一种思维方法。例如，雨伞的用途最初只是为了遮雨，运用发散思维法可以想出其他很多用途，比如遮阳、防身、拐杖等，如图3-4所示。

图3-4　利用发散思维法创作的雨伞产品文案

收敛与发散是相辅相成的，有收敛才会有发散，有发散才会有更高层次的收敛，从而不断深化观点或意识，取得创造性成果。

3.1.3　顺向思维法和逆向思维法

顺向思维法又称为正向思维法、顺序思维法，是指顺着一条固定的思路想下去，即按照事物顺序发展的方向去思考的一种思维方法。由于顺向思维方法是按照既定顺序去思考问题的，按部就班，所以顺向思维方法也是人们最常用的习惯性思维方法之一。

在海量的电商文案中，绝大部分文案创意都采取平铺直叙的手法来进行表现，循规蹈矩，深受这种顺向思维方法的影响。比如：玩具产品的文案一定要选用儿童作为模特；男士西装产品的文案，一定要选用男士作为模特等。这些创意虽然成熟稳定，但容易形成习惯性思维，极大地影响创造性思维的开发。如图3-5所示的婴儿游泳圈产品的文案创意利用的就是顺向思维法来进行表现的，选择泳池作为文案的背景。

逆向思维法又称为求异思维法，是指对看似已成定论的事物或观点反过来思考的一种思维方式。逆向思维法与顺向思维法正好相反，它是让思维向相反的方向发展，打破陈旧观念，不再墨守成规、因循守旧，而是勇于创新。逆向思维法通常使创意和策划工作获得新的突破。

例如，一家倡导环保的美国一线户外品牌，其品牌理念为"设计优质的商品，减少不必要的环境伤害"，如图3-6所示。在美国黑色星期五的销售高峰期到来时，很多海外品牌都在大肆进行各种营销宣传活动，但该品牌却反其道而行之，推出了一个"反黑色星期五"营销活动，鼓励消费者去维修旧物而非购买新品。该品牌采用逆向思维打出了"不要购买这件外套"的广告标语，这样的广告标语似是鼓励消费者不要购买自己店铺的商品，但实质上该品牌想要借用"环保低碳的"概念树立品牌持久耐用的形象，从而吸引更多的消费者。

图3-5　利用顺向思维法创作的婴儿游泳圈产品文案

图3-6　某户外品牌的品牌文案

3.1.4　头脑风暴法

头脑风暴法是一种创造能力的集体训练法，它鼓励人们打破常规思维，在不受任何限制的情况下无拘束地去思考问题，有利于激发人们的创新思维。头脑风暴法可以在短时间内最大限度地发挥人们创造性的思维能力，产生大量意想不到的创意。

头脑风暴法通常采取的方式是组建一个研讨性的小型会议小组，针对会议主题参与者可以自由地、积极地、毫无顾虑地提出各种想法，相互鼓励，相互影响，相互刺激，发挥各自创造力，从而产生多种创意想法。头脑风暴法应遵循4个原则，如图3-7所示。

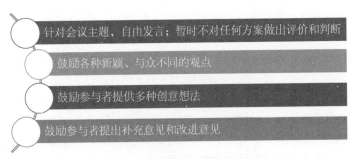

图3-7　头脑风暴法应遵循4个原则

头脑风暴法的实施步骤如下。

1. 准备工作

■ 主持人应熟悉会议流程，设定会议要达到的目标；确定参会人员，一般以 8 ～ 12 人为宜。

■ 提前告知与会人员相关事项：会议的主题、时间、地点、所要解决的问题、可供参考的资料和设想、需要达到的目标等，让与会者做好充分的准备，以便其了解议题的背景和外界动态。

■ 布置会议现场，座位布置成圆形的环境更有利于讨论和交流的展开。

2. 明确问题

主持人开会讨论前，先介绍会议的规则，比如每个人的单独发言时间、会议的全程时间等。然后简明扼要地介绍有待解决的问题。给会议创造一种自由、宽松、和谐的氛围，以便活跃气氛，使大家得以放松，让大家的思维处于轻松和活跃的境界，进入一种无拘无束的状态，促进思维。

提示 介绍会议的规则时不要过分周全，否则信息过多会限制人的思维，干扰思维创新的想象力。

3. 产生创意

这个阶段的主要任务是畅谈创意、形成创意和筛选创意。会议讨论前，让每个人先就所需解决的问题独立思考十几分钟，然后引导大家敞开心扉、天马行空地自由发言。在这个过程中，大家可以任意想象，彼此之间可以相互鼓励，相互启发，相互补充和完善。如此循环，一个个新想法便可不断产生。当每产生一个新的观点或方案时，就由书记员马上写在白板上，以便激发大家想出更多新的观点和方案。经过几轮的讨论后，大家对问题已经有了更深入的理解。这时主持人需要对发言内容进行整理、归纳，找出那些具有启发性的表述和富有创意的见解。最后通过专家评审或二次会议评审选出最具有价值和创造性的设想来加以开发和实施。

3.1.5 九宫格思考法

九宫格思考法是强迫创意产生的一种构思方法，这种构思方法有助于人的思维扩散，所以常常被用于文案策划方案中。利用九宫格思考法创作电商文案，首先要在一张白纸上画一个正方形，然后将其分割成九宫格，将要进行创意思考的主题（产品名称等）写在正中间的格子内，再把由主题所引发的各种想法或联想填写在其余8个方格内，如图3-8所示。

联想1	联想2	联想3
联想8	主题	联想4
联想7	联想6	联想5

图3-8　九宫格思考法

文案创作者在填写九宫格时，一般有两种填写方法：一是按照顺时针方向把自己所想到的要点填入九宫格图中，循序渐进、由浅入深地对产品卖点进行挖掘；二是将自己所想到的要点随意地填入九宫格图中，不用刻意去思考这些点之间有什么关系。

文案创作者应尽量将 8 个格子的内容填充完整，如果 8 个格子填不满，可以尝试从不同角度进行联想；如果 8 个格子不够用，可以多绘制几张九宫格图，进行补充填写。九宫格思考法鼓励文案创作者反复思维、自我辩证，先前写下的内容也可以进行修改。而且九宫格中的每一单项都可以再进行细分和扩展，使文案的内容更加细致和完善。

下面以一款加湿器产品为例，来讲解九宫格思考法的运用。这款加湿器产品的特点主要有以下几个。

（1）拥有即时杀菌净化系统，使储水变洁净，用健康水源加湿。

（2）加水便捷，直接揭盖上加水，轻松完成加水流程。

（3）应用轻声技术，研发电动水阀结构，减少补水噪声。

（4）拥有恒湿模式，开启后可将室内湿度智能恒定在约 60% 湿度值。

（5）拥有陶瓷芯高频雾化系统，将水源雾化成 1 ~ 5 微米粒子，通过导雾通道瞬速喷发，出雾量高达 300mL/h。

（6）4.5L 大容量水箱，保证水量充沛。

（7）机身上设计分段式状态环，灯光明亮而美观，每一段都显示着不同的工作状态，雾量大小、恒湿与否一目了然。

（8）可使用 App 远程遥控加湿器。

了解了这款加湿器的特点之后，使用九宫格思考法将这款加湿器的卖点提取出来，如图 3-9 所示。

利用九宫格思考法将加湿器的优点都罗列出来后，文案创作者接下来就要打开思维，对这些优点进行仔细分析，再参考市场上同类产品的文案，创作出一个有吸引力的产品文案。

除菌净水	加水便捷	噪音低
远程遥控	加湿器	恒湿模式
显示清晰	大容量	大雾量

图3-9 九宫格思考法的运用

3.2 电商文案的基本写作思路

电商文案的写作不同于普通文章的写作，电商文案的内容比传统文案更加精练和符合网络流行文化的趋势。在创作电商文案时，文案创作者首先必须要明确电商文案的主题，确定电商文案的表现风格，并准确地找到电商文案写作的切入点。

3.2.1 明确电商文案的写作主题

电商文案的写作主题是文案所要表达的核心思想，也是文案策划和创作的方向。电商文案的主题将始终贯穿于整个文案创作过程，对文案的最终呈现效果具有很大的影响。

1. 确立电商文案的写作主题

文案创作者在确立电商文案的写作主题时，往往需要经历 4 个步骤，如图 3-10 所示。

图3-10 选择电商文案主题的步骤

- 关注。文案创作者需要持续关注社会问题、流行文化和近期热点。
- 筛选。文案创作者需要从关注的所有内容中筛选出有新意、有意思、有针对性、有冲突性，或者有话题性的部分，作为备选主题。
- 梳理。在经过关注和筛选两个素材积累的阶段后，文案创作者需要为备选主题找到一个正确清晰的切入角度。
- 提炼。在明确了主题的切入角度之后，文案创作者需要通过提炼观点、突出卖点等方法，将主题清晰地呈现出来。

例如，某文案创作者为一款手机产品撰写文案，在确立文案主题时，他首先关注了社会上关于手机的热门话题，比如手机信号、续航、安全性、拍照、外观等。经过筛选最终选定了手机拍照这一话题作为文案的备选主题。然后通过一系列的调查分析，并对手机拍照功能有深入了解后，决定以美颜相机作为切入点。最后通过突出卖点的方法，将该手机文案的主题"前置1300万 美颜相机"清晰地呈现，如图3-11所示。

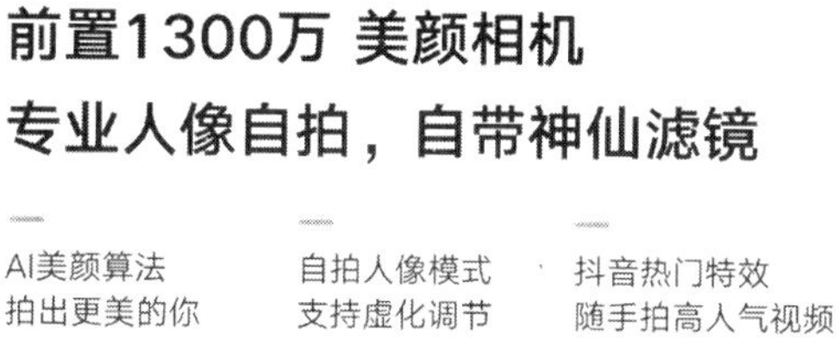

前置1300万 美颜相机
专业人像自拍，自带神仙滤镜

AI美颜算法   自拍人像模式   抖音热门特效
拍出更美的你   支持虚化调节   随手拍高人气视频

图3-11 某手机产品的文案主题

2.电商文案主题的常见来源

电商文案的主题往往以内容为基础，从日常生活、消费者人群及热点事件3个方面进行归纳。

（1）与日常生活相关联。日常生活是产品、文案与消费者相互联系的重要纽带，也是创意文案的最佳产地。真实的生活感受往往最容易引起人们的共鸣和关注，所以很多优秀的文案都是从日常生活中"提炼"出来的。如果文案创作者在选择文案主题时，能够有意识地将与日常生活息息相关的内容作为主题，一定能够引起不少消费者的关注和回应。例如，某牛奶产品的文案通过"自然有机"这个主题来表现产品的优质，如图3-12所示。

（2）与消费者人群相关联。不同的消费人群之间总会存在一些固定的话题，这些话题往往很容易引起这部分人群的情感共鸣。比如，上班族群体一般对房价、升职、健身等话题比较感兴趣；学生群体则对情感、学习、游戏等话题比较感兴趣；而妈妈群体平时关注就是海淘、辅食、幼教等话题。如果文案内容中能够涉及这些特定消费者人群感兴趣的话题，就会更容易吸引目标消费人群的关注。某款老人鞋产品一直将目标消费定位为父母购买鞋子的子女，因此，该产品就以"父母走路安心 子女买得放心"为主题进行文案创作，如图3-13所示。

图3-12　某牛奶产品的文案　　　　图3-13　某款老人鞋产品的文案

（3）与热点事件相关联。电商文案的主题可以与热点事件相关联，在筛选热点事件时，文案创作者需要注意以下 3 个方面的问题。

■　**反应快**。第一时间利用热点事件进行文案的关联创作和编辑。

■　**挖掘话题**。选择的热点事件要能进行话题延伸，这样创作出来的文案才能刺激受众进行转发和传播，以增加产品或品牌的价值。

■　**与产品或品牌相关联**。选择的热点事件具备和文案推广的产品或品牌相关联的因素，这样才能起到宣传或推广的效果。

例如，某款口红产品以"故宫创建六百年"这一热点事件作为主题，再结合产品的特点来进行文案创作，如图 3-14 所示。

图3-14　以热点事件作为文案主题

3.2.2　确定电商文案的写作风格

很多电商品牌都有自己独特的品牌风格，品牌风格往往是通过产品、文案和设计三者共同体现的。例如，某运动品牌主打的是潮流运动风，该品牌将时尚、街头的元素融入运动服饰的设计中，使产品更具潮流时尚感，也打破消费者对国产运动品牌的固有印象。该品牌也以运动潮牌的品牌形象，赢得了一大批年轻消费者的青睐。因此，该品牌在品牌文案的创作上也添加了很多时尚和潮流元素，使文案和品牌的风格保持一致。该运动品牌在店铺首页的海报文案如图 3-15 所示。

图3-15　某运动品牌的海报文案

不同类型的产品要配合不同的文案。比如，美食类文案要体现出食物的特性，可以选择朴实型风格；电子类文案要体现出产品的科技感，可以选择豪放风格或者时尚风格；儿童节专场类文案则要体现出欢乐的感觉，可以选择活泼风格等。总之，电商文案创作者要根据广

告的整体策略和广告创意确定电商
文案的风格。如图3-16所示是一
款手工挂面产品的文案，该产品具
有质朴、传统、手工等特点，所以
该产品的文案选择的也是较为朴素
的风格进行创作的。

图3-16　朴素风格的产品文案

3.2.3　找准电商文案写作的切入点

电商文案创作的初衷在于吸引消费者的注意力，激发消费者的购买欲望。要想创作出具
有吸引力的电商文案，找准电商文案写作的切入点是关键。只有准确地找到了文案写作的切
入点，才能有效地将文案内容与消费者联系在一起，从而吸引消费者的注意，激发消费者的
购买欲望。

1. 激发好奇心

如果消费者对文案描述的内容没兴趣，即使产
品和创意再好也是没有用的。人们总是对新鲜的事
物感兴趣，因此要想消费者对文案描述的内容产生
兴趣，激发他们的好奇心是一个不错的方法。

例如，某款奶制品的电商文案主题为"向凌晨4
点起床的奶牛致敬"，如图3-17所示。不少消费者
在看到这个文案主题以后，可能会产生这样的疑问：
奶牛为什么要在凌晨4点起床呢？这就是文案创作

图3-17　激发消费者好奇心的文案

者在试图唤起消费者的好奇心，紧接着该文案内容就向消费者讲述了该款产品的制作细节。

2. 热点话题

热点是指比较受大众关注的各类信息。当一个热点话题出现时，通常能获取到大量的关
注，这时如果以这个热点话题作为切入点撰写文案就很容易得到传播，从而为产品或名牌推
广奠定 个良好的基础。但是，热点话题通常
具有很强的时效性，因此以热点话题作为切入
点撰写文案时一定要注意话题的时效性，尽量
抢在第一时间进行文案创作，以保证文案的营
销效果。

如果利用热点话题作为文案写作的切入点，
最重要的是要把文案内容与热点话题联系起来，
两者之间要有一定的契合度，这样才能够获得更
好的营销效果。例如，可口可乐借助春节期间支
付宝推出的"集五福"活动这一热点话题在微博
上发布了一篇宣传文案，如图3-18所示。

图3-18　以热点话题创作的文案

以热点话题作为文案写作的切入点与前文所讲的将热点事件作为文案主题有所不同。这里所说的以热点话题作为切入点是指将热点话题作为吸引消费者关注的因素进行文案创作，其文案的主题并不一定与该热点话题相关。

3. 解决痛点

帮助消费者解决"痛点"，也是一个较好的切入点。消费者在生活中存在着各种难以满足的需求，比如物美和价廉、多功能和便捷性、美食和健康等，这些都是痛点。如果产品能为消费者解决一个甚至多个痛点，就能成功为消费者找到消费的理由。

例如，某款代餐食品的文案，其解决的"痛点"就是很多爱美人士既想科学节食减肥，又不想肚子挨饿的冲突，如图 3-19 所示。文案就告诉消费者，这款产品可以帮助他们解决这个冲突，那么消费者也自然很愿意解囊购买。

图3-19 通过制造冲突来创作的文案

4. 情感营销

情感营销文案是指在品牌中注入情感或情怀，增加品牌的感性特质（如感情、情怀等），使消费者不仅认同产品的质量，还认同品牌附属的感性特质，从而使产品或品牌在竞争中更具心理优势。

市场竞争的本质是消费者之争，谁能获得消费者的认同，谁就能在市场竞争中获得胜利。情感营销文案主要是通过释放品牌的感性特质来打动消费者，获取消费者的认同，至于产品的卖点、功能等方面的介绍，可以有也可以没有。对于大众熟知的产品，可以不对产品本身的特质进行介绍，如酒、饮料等。例如，大部分白酒品牌通常都会以产品的口感、历史或文化内涵作为产品的卖点进行文案创作，但某款主打年轻消费者的白酒品牌却独辟蹊径，将情怀、情感、情境等内容作为文案创作的切入点，针对都市青年的心理进行营销，很快就风靡了全国，如图 3-20 所示。

图3-20 某白酒品牌的文案

5. 展示数据

在电商市场上经常可以看到各种包含数据信息的电商文案，比如"9.9 元包邮""满 200 立减 50""月销 3000 件"等。数据对于电商文案来说是非常重要的一个创作元素，甚至有"无数字，不文案"的说法。

数字能带给消费者最直观的感受，有助于增加文案的真实性。在电商文案中，尤其是产品介绍文案中，应尽可能清楚地将产品所涉及的数据信息展示出来。例如，某款羽绒服产品的文案中直接通过"高蓬松 800+""优质鹅绒 90%"等数据信息来表现产品材质的优良，如图 3-21 所示。

6. 搭建场景

搭建场景也是电商文案中经常选择的一个切入点。在撰写电商文案时，文案创作者千万不要一味地强调个人的感受，而要将消费者代入特定的场景中，让消费者感受到产品真实地使用场景。

文案创作者在搭建场景时，可以通过描绘体验场景的方式，让消费者产生对产品的联想和需求；也可以直接告诉消费者在什么情况下会用到该产品，使消费者处于使用产品之后的"未来场景"中，从而激发消费者的购买欲。例如，某款烤箱产品的电商文案，一句"告别外卖，纵享美味时光"直抵消费者内心需求，再配以美食制作过程的场景描写，使消费者产生一种强烈的代入感，如图 3-22 所示。

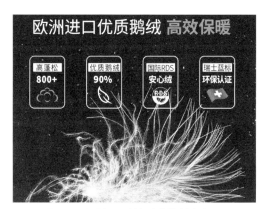

图3-21　通过展示数据来创作的文案

图3-22　通过搭建场景来创作的文案

3.3　高手秘籍

技巧 1——构思创意文案的技巧与注意事项

一篇富有创意的文案作品对消费者而言是很有吸引力的，因而具有良好的营销传播效果。但优秀的文案创意得来不易，要经过专业的学习和训练，运用奇妙的构思才能得以实现。构思创意文案也有很多技巧与注意事项，这里略举一二以供读者参考。

（1）首先应熟悉产品与市场调研资料，然后用 20～30 个字来描述包括产品的特点、功能、目标消费对象、精神享受等 4 个方面的内容。

（2）必须给消费者承诺。承诺这一点很重要，可以说，没有承诺就不会有消费者的购买。承诺越具体越好，比如"赠送小礼物"不如"赠送价值 100 元的精美礼品一份"的宣传效果更好、更有力。另外，承诺要清楚、有保证，不要让消费者不相信你的承诺，必须在文案中说清楚你的承诺靠什么来保证。

（3）文案标题写得好，文案就成功了 80%。一个有创意的文案标题应该具备以下 3 个基本特性。

- 故事性。标题要让人看一眼就觉得它的内容肯定有一个很吸引人的故事，这样才会有人愿意进一步去阅读其内容。比如"每个问题背后，是想做更好的心"这个标题就很具有故事性，能够引起众多人的阅读兴趣。
- 新奇性。广告标题一定要有新奇性，一个能够引发人们好奇心的标题才能激发更多人的阅读兴趣。比如某款清肺茶的文案标题如图 3-23 所示，该文案标题就非常符合新奇性的特点，当消费者一看到这个标题，有可能就会产生好奇，想要看一看究竟什么样的产品能成为雾霾的克星，进而继续阅读该文案的内容。

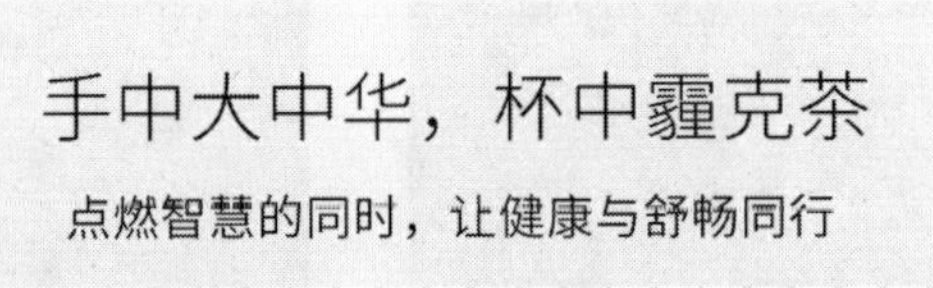

手中大中华，杯中霾克茶

点燃智慧的同时，让健康与舒畅同行

图3-23　某款清肺茶的文案标题

- 新闻性。很多人都爱看新闻，如果文案标题写得像新闻一样，自然就会引起不少人的注意。比如一款雾霾扇产品的文案标题——"煽扇除霾"专利初审通过：1500 万人同时持雾霾扇就能把雾霾吹出北京，听起来就具有很浓烈的新闻性。

（4）好文案的内容必须是真实可靠的，且具有亲切感。电商文案内文忌讳空洞的、虚假的宣传，而应该告诉消费者一些非常实在、具体的数字。同时，要给消费者真诚、可亲近的真实感情，以打动消费者的情感去购买产品。

（5）好的文案应该直接向目标人群打招呼。如果产品的目标消费人群是学生，那么文案中就应该出现"学生"这样的字眼，以更加明确产品的目标消费人群。

（6）为了增加消费者对文案的关注度，文案创作者可以将文案与某一事件或活动相结合。比如某冰红茶产品的文案中融入了"扫码抽奖"的活动，以此来吸引更多消费者的关注，如图 3-24 所示。

图3-24　某冰红茶产品的文案

（7）巧用数据，更有说服力。如果能从产品提炼出一些有用的数据，那么文案创作者就可以使用这些数据来作为文案的重点展示信息，这样可起到非同凡响的效果。比如某款保温杯产品的文案，由于加入了数据信息，使整个文案看上去更加形象，也更具有说服力和吸引力了，如图 3-25 所示。

图3-25　某款保温杯产品的文案

（8）在一个文案中集中表达产品的 1 ~ 2 个卖点。文案创作者只需言简意赅向消费者表达产品的 1 ~ 2 卖点即可，如果产品卖点陈述得过多，反而容易让消费者遗忘或者搞不清楚产品最主要的卖点。

技巧 2——发布在新媒体平台上的电商文案如何进行创意与构思

电商文案除了可以在电商平台进行展示和传播，还可以通过微博、微信、视频网站等新媒体平台进行展示和传播。不同的文案传播平台有不同的特点，在创作电商文案时，文案创作者应根据不同平台的特征进行文案的创意与构思。

与传统电商平台相比，在新媒体平台上的电商文案的传播链条不再是单向的"引发阅读兴趣→阅读文案"，而是双向的"引起关注→参与互动→二次传播"，如图3-26所示。

引起关注　➡　参与互动　➡　二次传播

图3-26　新媒体平台上的电商文案的传播链条

基于这一变化，文案创作者针对新媒体平台进行电商文案的创意与构思时，应该着重考虑以下两个方面的问题。

（1）有趣。对于电商文案的创作而言，首要特点就是有趣。几乎没有人会愿意去关注一篇篇幅很长，又乏味无趣的文案，但如果文案的内容足够有趣，即使文案篇幅较长也可以吸引到不少读者。创作有趣文案的方法有很多，比如讲述一个好玩又趣味十足的小故事，或者借鉴网络流行用语进行创作等。

（2）互动。有趣的文案内容可以吸引消费者进行阅读，但并不是通过新媒体传播电商文案的最终目的。在新媒体平台中，吸引消费者参与互动，实现文案的二次传播才是文案传播的最终目的，这也是文案创作者进行文案创意和构思的方向。要想通过文案引起消费者的互动，在进行创意和构思时，就得考虑如何去引发和制造话题。

为文案制造话题的方式有很多，比如在文案中关联其他事物；搭载热点话题；利用名人效应；设计开放式、易复制的创意模式；为文案留白，给读者留下充分的想象空间等，这些手法都能够为文案带来话题性。

总之，新媒体中电商文案的创意与构思，不仅要考虑如何引发消费者的阅读兴趣，还要让消费者在阅读完文案后能够参与互动，主动将文案分享给他人，实现文案的二次传播。

第4章

电商文案的写作技巧

本章导读 🔊

    电商文案主要由标题和正文两个部分组成。一个好的文案标题是吸引消费者注意力的首要因素；而精彩的正文内容则是引导消费者了解产品，产生实际购买行为的关键所在。只有将两者完美地结合在一起，才能达到电商文案所追求的营销目的。

4.1 电商文案的构成

一篇完整的电商文案主要由标题和正文两个部分构成。下面将针对电商文案的标题和正文两个部分进行分析，揭示它们在文案中存在的实质意义和内容要求，从而让文案创作者更加深入地了解文案本身。

1. 电商文案的标题

文案的标题即文案的主题，其所表现的内容往往是文案的诉求重点。文案标题的实质意义在于吸引消费者对文案的注意力，使其能够在消费者心中留下深刻的印象，并使他们对正文内容产生兴趣。在撰写文案标题时，语言应简明扼要，内容既要有新意又要便于理解和记忆。

2. 电商文案的正文

无论任何行业，想要战胜竞争对手，获取受众市场，都需要广告文案的支持，而文案的正文部分就是其中最为直接有效的一部分。文案正文存在的实质意义在于以客观的事实、具体的说明来强化消费者对产品的了解和认识，从而促使消费者产生实际的购买行为。在撰写文案正文时，应抓住所要表达的主要信息进行叙述，做到言简意赅、突出重点、实事求是、通俗易懂。

> **提示** 由于电商文案形式多样，也没有固定格式，所以有些类型的电商文案中除了标题和正文两部分，还会出现副标题、口号等组成部分。

4.2 如何写出有吸引力的标题

文案的标题通常是一篇文案中最先引起消费者关注的内容。一个具有吸引力的文案标题，能够使消费者对文案内容产生浓厚兴趣，进而增加文案的阅读量和曝光率。

4.2.1 电商文案标题的作用

文案的标题往往是一篇文案最容易给消费者留下深刻印象的部分。具体而言，电商文案的标题主要有 3 个方面的作用，如图 4-1 所示。

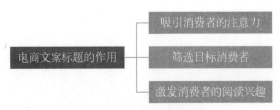

电商文案标题的作用 ── 吸引消费者的注意力 ── 筛选目标消费者 ── 激发消费者的阅读兴趣

图4-1 电商文案标题的作用

1. 吸引消费者的注意力

电商文案的标题就好比是文案的大门，消费者一般都是通过这扇大门进入文案的内部世界中。当消费者面对一篇电商文案时，通常不会立即去阅读正文内容，而是先浏览标题，通过阅读标题来获取文案的大致内容，因此文案的标题是吸引消费者注意力的关键。

文案创作者在撰写文案标题时，要尽可能地使用具有吸引力的词汇，如"免费""热卖""打折"等。例如，某秋冬款童鞋的产品文案，该文案的标题——"暖冬守护三部曲"就很具有吸引力，能够很好地满足消费者对秋冬款童鞋的功能需求，如图 4-2 所示。

2. 筛选目标消费者

为了便于商家从文案的受众中精准筛选出目标消费者，文案的标题应该简洁明了地将产品的好处呈现出来，让受众在看到这个标题后就能大致了解产品的功能、特点等基本信息，从而判断是否是自己需要的产品。也可以从文案标题的风格和基调等角度来筛选目标消费者。

例如，某款女装产品文案的标题为"风吹皱的湖面"，如图 4-3 所示。这个标题结合产品图片让人一看就能知道这篇文案营销的是一件偏文艺风的产品，因此喜欢这个文艺风产品的消费者自然会选择继续浏览文案正文。

图4-2 某秋冬款童鞋的产品文案

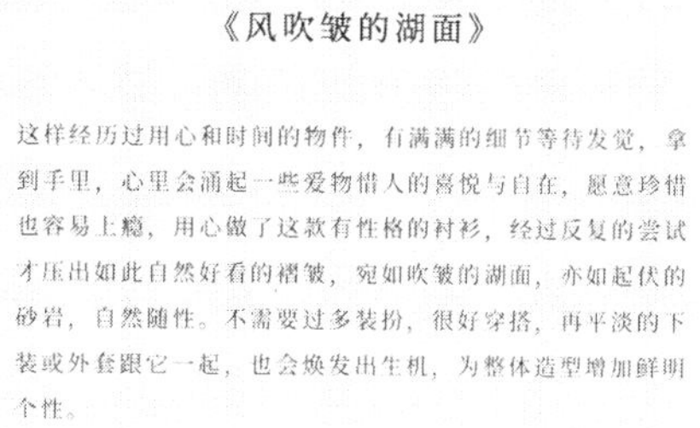

《风吹皱的湖面》

这样经历过用心和时间的物件，有满满的细节等待发觉，拿到手里，心里会涌起一些爱物惜人的喜悦与自在，愿意珍惜也容易上瘾，用心做了这款有性格的衬衫，经过反复的尝试才压出如此自然好看的褶皱，宛如吹皱的湖面，亦如起伏的砂岩，自然随性。不需要过多装扮，很好穿搭，再平淡的下装或外套跟它一起，也会焕发出生机，为整体造型增加鲜明个性。

图4-3 某款女装产品的文案

3. 激发消费者的阅读兴趣

一个好的文案标题要能够激发消费者的阅读兴趣，引导消费者深入阅读正文内容。其实，文案标题最主要的作用就是担任正文的"宣传员"，让消费者产生阅读兴趣，并为即将展开的正文内容做铺陈。

例如，某款沐浴露产品的文案标题如图 4-4 所示，该标题突出了产品的特点和品质，使想要购买这款产品的消费者产生了想要进一步了解产品信息的兴趣。

图4-4 某款沐浴露产品的文案标题

4.2.2 电商文案标题的特征

电商文案标题的撰写对于整个文案创作工作来说是十分重要的，如果文案的标题写得好，文案的营销效果一般都不会太差。一个好的电商文案标题应该具备 5 个基本特征，如图 4-5 所示。

图4-5　电商文案标题的特征

1. 主题鲜明

好的电商文案标题一定要做到主题鲜明，文案的标题是对正文内容的高度概括，通过标题消费者可以快速了解正文的主要内容和关键信息，因此文案标题必须与正文内容相关联。例如，某款空调产品主推产品的静音特点，所以该文案的标题为"17 分贝静音 将嘈杂拒之门外"，如图 4-6 所示。

2. 简明扼要

文案的标题通常不宜过长，如果文案的标题太长，很容易带给读者一种冗长、沉闷的感觉，从而令读者失去阅读的兴趣。有研究表明，文案的标题越短，正文的阅读比例越高，具体的研究结果如表 4-1 所示。

图4-6　某款空调产品的文案

表4-1　文案标题词数与阅读量之间的关系

标题词数	阅读比例
3个以内	87.3%
4～6个	86.3%
7～9个	84.0%
10～12个	82.5%
13个以上	77.9%

通过这项研究可以看出，大多数读者都喜欢阅读短标题文章，因此文案创作者应尽量通过较短的文案标题来展示产品最大的优势。例如，某款奶茶产品的文案标题仅仅用了 6 个字"0 蔗糖·低脂肪"，却非常清楚地点明了该产品的核心卖点，如图 4-7 所示。

3. 实际益处

一个好的电商文案标题通常能够在消费者的角度上，满足他们的需求，为他们提供实际的好处和利益承诺。例如，某款洗发水产品的文案标题为"无硅油配方 拯救发际线"，该标题既突出了产品的卖点——"无硅油配方"，又阐明了

图4-7　某款奶茶产品的文案

购买该产品后能带给消费者的好处——"拯救发际线"，很好地满足了消费者"控油健发"的需求，如图 4-8 所示。

4. 个性独特

内容同质化的现象在电商文案中也屡见不鲜，所以具有独特个性的文案标题往往更容易吸引消费者的注意力。一个好的标题要充满创意、与众不同。例如，某款电冰箱产品的文案标题为"将高雅的艺术感融入生活才经典"，如图 4-9 所示。这样个性独特的表述方式，往往要比单纯地描述产品"设计精美，典雅大气"更能打动消费者。

图4-8　某款洗发水产品的文案　　　　图4-9　某款电冰箱产品的文案

5. 契合网络

作为依附网络而存在的电商文案，其标题的创作必然要契合网络。契合网络一方面是指标题的创作要契合网络文化，比如在标题中使用一些网络流行词汇等；另一方面是指标题的创作要契合网络搜索引擎优化（SEO）的结果，比如利用标题中的关键词提高产品的搜索排名，增加文案的曝光机会。例如，某电商公众号平台上发布的一篇软文文案，其标题中就使用了"美翻了"这一网络词汇，如图 4-10 所示。

4.2.3　常见的电商文案标题类型

想要撰写好一个电商文案标题，首先需要了解电商文案标题的类型有哪些。电商文案的标题类型有很多，可谓五花八门，常见的电商文案标题类型主要有以下几种。

1. 直言式标题

直言式标题是目前电商文案中使用最多的一种标题创作类型。这种标题类型的特点在于通过标题直接明了、简明扼要地点明文案创作的意图，使消费者看一眼文案标题就能知道文案的主题是什么。某些折扣促销活动文案、产品上新文案等就常用这种标题，比如"199 元限量抢购价值 399 元的羊绒衫一件""春季上新，全场 5 折"等。

例如，某款羽绒服产品的文案标题"年货精选羽绒真半价"就属于直言式标题，该文案标题直截了当地向消费者说明了购买店铺精选羽绒服产品可以享受半价优惠，如图 4-11 所示。

图4-10　在文案标题中使用网络词汇　　　　　图4-11　直言式标题示例

2. 暗示式标题

暗示式标题是指通过激发消费者好奇心的方式来撰写的文案标题。具体而言，就是在标题中通过设置悬念等方式来吸引消费者的注意，诱发消费者追根究底的心理，激发他们阅读正文的兴趣，然后再通过正文解答消费者的疑惑。

例如，某款海鲜类产品的文案标题"让爱鲜回家"就属于暗示式标题，该文案标题通过一语双关的方式来暗示消费者将新鲜的海鲜产品带回家，如图 4-12 所示。该文案先是通过一句看似与产品毫无关系，实则具有双重寓意的话，来勾起消费者的好奇心，当消费者继续阅读了正文内容后就会明白标题真正的意思。

3. 推新式标题

推新式标题主要是向消费者传递新的产品信息，因此这类标题的写作重点在于体现新消息。通常推新式标题可以应用于新产品的推出，旧产品的改良及旧产品的新应用等。例如，某新款手机产品文案中使用的推新式标题，如图 4-13 所示。

图4-12　暗示式标题示例　　　　　　　图4-13　推新式标题示例

4. 提问式标题

提问式标题，即通过提问的方式来引起消费者的注意和思考，并引导其进行深入阅读的标题。撰写提问式标题，要从消费者关心的利益点出发，这样才能更容易让他们产生共鸣，从而激发他们深入阅读的兴趣。提问式标题有很多种提问方法，比如反问、设问、疑问等。例如，某款净水器产品文案中使用的提问式标题，如图 4-14 所示。

5. 命令式标题

命令式标题是指在标题中使用明确的动词去告知消费者应该如何做，从而促使消费者做出对产品销售有利的决定。与其他类型的文案标题相比，命令式标题更容易促使那些犹豫不决的消费者产生购买行为。例如，肯德基的某款产品文案，在标题中通过"点"这个动词，来引导消费者下单购买产品，并承诺在消费者购买产品后可以获取一定的好处，如图4-15所示。

图4-14 提问式标题示例

图4-15 命令式标题示例

6. 证明式标题

证明式标题就是指以见证人的身份阐释产品的好处，增强消费者的信任感的文案标题。这种类型的文案标题常使用口述的形式来传递信息，阐释产品优点时既可以是自证，也可以是他证。例如，某款奶粉产品在文案标题中直接说明了该产品是"金奖品质"，以此来向消费者证明该产品的品质优良，如图 4-16 所示。

4.2.4 电商文案标题的撰写技巧

要想创作出具有吸引力电商文案标题，文案创作者不仅要站在消费者的角度去看待问题，还应该掌握一些撰写标题的基本技巧。下面就来看看电商文案标题有哪些撰写技巧。

1. 利用数字

数字往往带给人一种理性、严谨的感觉，在标题中使用数字能有效增加文案内容的可信度，从而更好地激发消费者的购买欲望。例如，某款羽绒被产品的文案标题为"90% 绒子含量"，如图 4-17 所示，文案创作者正是通过 90% 这一数字来向消费者证明产品优良的品质，从而增加消费者的信任度。

图4-17 某款羽绒被产品的文案

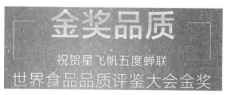
图4-16 证明式标题示例

除此之外，数字还具有很高的辨别力，消费者要在繁杂的信息中找到自己需要的内容，往往会通过一些亮眼的数字来快速进行判断。例如，某款面膜产品的文案标题为"七天热卖500万+"，如图4-18所示，该标题就比直接表述产品销量高要更吸引消费者的注意力。在文案标题撰写过程中，特别是对于总结性的数量、销量、折扣、时间、排名等数据，使用数字比文字更容易表达出震撼的效果，也更容易让人记住。

2. 借力借势

针对一些品牌影响力较弱，且经济实力有限的中小商家而言，要学会借助外界的力量来帮助自己进行文案传播。这里的借力是指利用别人的渠道对自身产品或服务进行推广营销；而借势是指标题中包含最新的热点事件、热门新闻及热门话题等内容，并以此来引起消费者对文案内容的关注，进而提高文案的阅读量和转载量。

例如，某款手镯产品的文案标题借助的就是热门电影《哪吒之魔童降世》中的台词来进行撰写的，从而起到了很好的营销和宣传效果，如图4-19所示。

图4-18　某款面膜产品的文案　　　　图4-19　某款手镯产品的文案

3. 谐音修辞

在进行文案创作时，文案创作者通常会充分利用汉语言文字的各种修辞技巧来撰写文案标题，其中谐音修辞就是文案创作者最常用的一种修辞手法。所谓谐音，是指字（词）的声韵相同或相近，在汉语中同音字（词）较多，这些字（词）虽然读音相同但所表达的意思却不尽相同。例如，每逢新春佳节，中国大多数老百姓的餐桌上都会有用鱼烹制的菜肴，因为"鱼"正好是"余"的谐音，传达了人们对于"年年有余""吉庆有余"的美好愿望。

谐音修辞是一种口语化的语言表达方式，富有很强的生活气息，既生动形象又充满了幽默感和趣味性。不少文案创作者都巧妙地利用谐音修辞的特点来表达文案标题所隐含的意思，从而深受消费者的喜爱。例如，某款心形钻戒产品的文案如图4-20所示，该文案标题"一生挚爱　新愿有你"中的"新"正好是"心"的谐音，这样做一语双关，一方面表现了该产品是新年新款产品，另一方面也表现出该产品独特的心形设计及设计理念。

提示 除了谐音修辞，文案创作者还可以使用比喻、夸张、拟人、对比、引用等修辞手法来增加文案标题的趣味性和吸引力。比如，某款零食产品的文案标题为"一起玩出彩！"该文案标题就是运用拟人的修辞手法进行创作的，如图 4-21 所示。

图4-20　某款心形钻戒产品的文案

图4-21　运用拟人修辞手法撰写的文案标题

4. 文化文艺

在创作文案标题时，文案创作者也可以借助诗词、成语、典故、名人名言等文化元素来提升文案的整体文化涵养，使文案标题带有文艺范儿。例如，某款连衣裙产品的文案如图 4-22 所示，该文案标题"裙角轻拂，每天都是好心情"就极具文艺范儿。

图4-22　文艺范儿的产品文案

4.3　如何写出高点击率的电商文案

电商文案的创作目的其实很简单，就是促使消费者下单购买产品，实现销售转化。要实现这一目标，文案正文的撰写至关重要。文案的正文包括开头、主体和结尾三部分，下面就来看看它们的具体写作方法和技巧。

4.3.1　文案开头的写作方法与技巧

文案的开头是文案正文内容最重要的一部分，如果开头都无法吸引消费者，那么消费者自然也就不会对文案其他部分的内容产生兴趣。通常，电商文案的开头有以下几种写作方法和技巧。

1. 直奔主题

所谓直奔主题，就是在文案的开头直截了当地向消费者说明文案的创作目标。比如，直接引出文中的主要人物或故事，直接点明创作主题，快速切入正文的中心。

采用这种方法撰写电商文案时，文案创作者需要围绕产品的功能和特性，结合消费者的实际情况，直接展示该产品的好处，介绍如何解决某种问题等。例如，一款打蛋器的文案在开头就直接明了地告诉消费者，这是一款厨房小工具，主要用途是打蛋、和面与搅拌。在点明产品的定位与主要功能后，接下来才是详细阐述产品的特点，如"加密钢丝"等，如图4-23所示。消费者通过文案开头可以直接了解到产品的功能，如果这些功能正是消费者所需要的，那么消费者自然就会接着往下浏览文案，了解更多关于产品的细节。

提示 采用直奔主题方法撰写文案开头，要保证正文的主题或事件具有足够的吸引力，否则太过直白的营销信息会使消费者快速放弃继续阅读的欲望。

2. 热点话题

人们都喜欢追求新鲜的事物，当一个热点出现后，与该热点相关事物的关注度也会瞬间提高很多。前文讲到电商文案的标题可以通过借势热点的方式进行撰写，而电商文案的开头也可以通过热点话题与标题相呼应，进一步吸引消费者的注意力。

由热点话题引入正文内容的文案，通常阅读量都比较高，也很受消费者欢迎，所以文案创作者在撰写文案开头时可以适当地借助当下热点话题。例如，某服装产品的文案开头就是借势某热门影视剧进行创作，直接明了地告诉消费者文案推广的产品是和剧中明星同款的一件连衣裙产品，并在接下来的文案内容中展示该影视剧的剧照，剧照中演员穿的就是该款连衣裙产品，如图4-24所示。

提示 一般来说，文案创作者也可以从微博、今日头条、百度风云榜、知乎等渠道获取到及时的热点信息用于文案开头的创作。

3. 讲述故事

在文案正文中，使用一些富有哲理的小故事，或者与段落相关的小故事作为开头，可以很好地表达出文案的中心思想，为消费者讲述品牌故事。通过这种方式撰写文案开头，能够使人物形象和故事都变得真实起来，既为消费者提供了继续阅读的动力，也向消费者展示了品牌和产品鲜明的形象。例如，某食品品牌的文案，在开头处通过讲故事的方式向消费者展示品牌的文化和历史，以便能够引起消费者对产品的兴趣，接着又在后文中详细展示了产品"酥软香烂"等特点，如图4-25所示。

图4-23 某款打蛋器产品的文案

精英律师明星同款粉色西装连衣裙
品质货源
高端定制
可接受私人定制和公司批量订货

**图4-24 某店铺借势热点话题
创作的文案**

图4-25　某食品品牌的文案

4. 语言独白

由于各种原因，很多人常常无法将自己内心的真实想法表露出来，这时候那些独白式的文字反而能够拉近距离、打动人心。文案创作者直接用自己内心独白作为文案开头，向消费敞开心扉，能够有效引起消费者的共鸣和认同，使消费者感受到商家的诚意。例如，某款白酒的产品文案在开头处通过内心独白的方式将大多数消费者希望活出自我，坚持做自己的人生态度表现得淋漓尽致，从而引起更多消费者的情感共鸣和认同，如图 4-26 所示。

图4-26　某款白酒的产品文案

5. 展示结论

文案创作者在撰写文案时，也可以在文案开头处直接给出文案的结论，然后再通过正文的主体内容推出论据，以此来证明开头的结论。这种文案开头方式的好处在于可以从一开始就清楚点明文案的中心思想和观点，使消费者快速明白文案所要表达的意思。例如，某款电子阅读器产品的主要卖点是它拥有焕彩机身，所以该文案在开头就给出结论——"读出我的潮流"，而后又通过展示多种颜色的产品，来体现其潮流感，进而对这一结论进行论证，如图 4-27 所示。

4.3.2　文案主体的写作方法与技巧

如果说电商文案的标题和正文开头是为了吸引消费者的注意力，那么文案正文主体部分的主要作用就在于向消费者展示品牌特点或产品卖点，以此来提高品牌知名度，或者激发消费者对产品的购买欲望。文案主体部分的创作主要有以下几种写作方法与技巧。

图4-27　某款电子阅读器产品的文案

1. 直接展示

直接展示就是不拐弯抹角、不故弄玄虚，直接明了地向消费者展示品牌特点或产品卖点。直接式正文有以下两种常见的写法。

一是直接以简短的句子来突出文案的核心内容。例如，某品牌凉茶的文案就是非常经典的示例，如图4-28所示。该文案在开头处先是展示了产品的原材料，而后在文案的主体部分通过简单的语言，直接明了地让消费者记住了该产品可以降火这一卖点，同时也成功塑造了该品牌的知名度，使不少消费者在选购降火饮品时能够第一时间想到该品牌。

二是直接对现状进行诚实描述。例如，某款空调产品的文案，其正文内容简单直接地向消费者罗列了产品的6个主要卖点，使人一目了然，如图4-29所示。

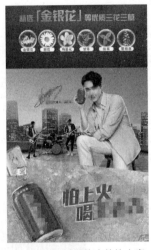

图4-28 某品牌凉茶的文案

图4-29 某款空调产品的文案

2. 逐步打动

文案的主体内容应该是层层推进、纵向发展的，后面内容的表述需要建立在前一个内容的基础上。例如，某感冒药品牌发布的一则标题为"这个世界，总有人偷偷爱着你"的视频推广文案，以真人事件改编，一步一步递进式讲述了5个反转故事，打造了一则充满温情与真诚的视频广告，推出后大受好评。

片段一：女孩前来买杂志却遭到老板的拒绝，或许大家会认为这个老板太过冷漠，殊不知老板只是想让女孩尽快离开她身边的那个小偷，如图4-30所示。

片段二：青年边打电话边开车被交警拦下，或许大家觉得是因为他没系安全带会被交警罚款，但拦路的交警却只是为了帮忙盖上有安全隐患的

图4-30 某感冒药品牌的视频推广文案片段一

油箱盖，如图4-31所示。

片段三：男子拍下醉酒女孩的照片，或许大家会认为他是不怀好意，但男子却只是为了将照片发给警察，让他们来帮助女孩，如图4-32所示。

片段四：外卖小哥因为电梯超载可能会超过送单时间，但这时却有一名男子主动从电梯里出来，让外卖小哥先上去，如图4-33所示。

片段五：蹬三轮车的大爷不小心剐蹭了路边停放的奔驰车，或许大家会认为奔驰车主因为大爷赔不起，从后备厢抽出一根铁棍准备暴打他一顿出气，但奔驰车主只是将大爷的三轮车也剐蹭掉了一层漆，以此来化解这场冲突，如图4-34所示。

以上视频文案的主题是"致生活中那些平凡的小温暖"，所以视频中展现的都是来自陌生人的善意。该文案并没有从产品的特性入手，而是通过暖心小故事来感动消费者，将暖心这种感觉与品牌联系起来，根植到消费者的心中。文案开始貌似是揭开了生活冷漠的一面，然后通过反转的剧情，巧妙地解释了前面冷漠并非真正的冷漠，而是充满暖心、爱心的举动，这种逐步的反转让观众体会到了强烈的对比，比直接展示温情的作品更能打动观众，使观众迅速认可文案所推广的产品和品牌。

3. 列举特点

列举特点是电商文案中最常用的内容写作方式，采用这种方式创作的电商文案也被称为并列式文案，其结构就是"特点1+特点2+特点3……"这种并列式的正文结构能把电商产品的特点比较清晰、准确地表达出来。该写作方式除了要将产品的特点一一罗列出来以外，最

图4-31　某感冒药品牌的视频推广文案片段二

图4-32　某感冒药品牌的视频推广文案片段三

图4-33　某感冒药品牌的视频推广文案片段四

图4-34　某感冒药品牌的视频推广文案片段五

重要的是要用不同的段落对产品特点进行具体的描述。

很多网店的产品详情页文案都采用了这种方式进行，即并列列出产品的参数、属性、特点等内容。例如，某款电饭煲产品的详情页文案通过并列结构逐一罗列出该产品的特点，有效避免了文案结构混乱、层次不清的现象，如图4-35所示。

图4-35　某款电饭煲产品的详情页文案

4. 三段写作

三段写作是一种将文案主体内容分为三段进行写作的方式。三段式写作方式每一段的主要内容如下。

- **第一段**。通过一段话或列点的方法来表述产品信息、产品优点等主要销售信息。
- **第二段**。对第一段中的产品销售信息进行扩展描述。
- **第三段**。最后一段内容的主要任务是让消费者马上行动，一般是强化产品某些独特优势，结合前两段的内容点明产品能带给消费者什么样的好处，或者能够解决什么样的问题。

例如，某款清洁剂的产品文案如图4-36所示。该文案分为三段展现产品内容，第一段总列了产品的三个特点；第二段再分别展开，针对产品特点进行具体叙述，比如第一段提到了产品具有除油污、省时省力的特点，在第二段中就对应着两个特点详细阐述了产品免拆洗、自动分解去污的功能；第三段通过展示产品的使用效果来打动消费者。

图4-36　某款清洁剂的产品文案

提示　在电商文案的三段描述中，最后一段的作用尤为重要，因为最后一段要负责向消费者描述产品的使用场景或使用效果，使消费者产生购买欲望。

4.3.3　文案结尾的写作方法与技巧

文案的结尾也是电商文案的重要组成部分之一，这部分内容既是整篇文案的一个总结、提炼和升华，又是引发消费者对文案进行二次传播或者购买产品的关键所在。电商文案的结尾主要有以下几种写作方法和技巧。

1. 互动式

互动式结尾就是在文案结尾处设置话题，吸引消费者参与活动。互动式结尾一般是通过提问的方式，来引发消费者的思考及参与度的，其设置的互动话题一般都是消费者比较感兴趣的。常见的互动式结尾有"关注店铺参与抽奖""转发并留言赠送专属礼包"等。例如，微淘的某篇产品文案，该文案结尾处就设计了一个点赞福利的活动，吸引消费者积极参与，以此来增加与消费者的互动机会，如图4-37所示。

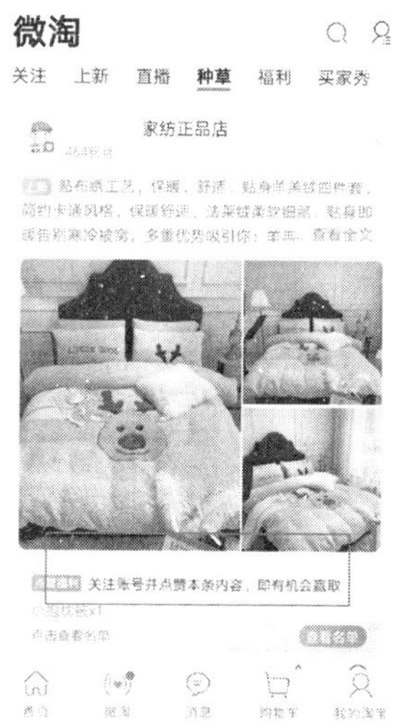

2. 引导式

引导式结尾就是在文案结尾处通过动之以情的方式来打动那些还在犹豫的消费者，使他们觉得产品是有温度、有情绪的，特别是要使消费者感受到文案创作者的用心与认真。引导式结尾也可以通过利益和好处吸引消费者，引导消费者行动。例如，某休闲零食店的产品文案在结尾处展示丰硕的销售成果来打动消费者，引导他们尽快下单购买产品，如图4-38所示。

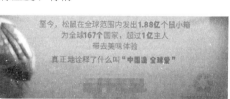

图4-37　微淘上的某篇产品文案

图4-38　某休闲零食店的产品文案结尾

3. 总结式

总结式结尾就是通过一两句话总结整篇文案的中心思想，将文案的目标提炼出来。这样做可以帮助消费者梳理产品卖点，并加深消费者对品牌的印象。例如，某款面食产品的文案在其结尾处通过一段总结性的文字来唤醒消费者的食欲，激发他们的购买欲望，如图4-39所示。

4. 转折式

转折式结尾就是让文案正文中展示的内容最后呈现出一个出人意料结局。使用这种结尾方式，能够突然转变正文中塑造的某种气氛，使消费者感到非常意外，给消费者带来不小的心理震撼，从而在消费者的心中留下深刻的印象。

图4-39　某款面食产品的文案

例如，某品牌抽油烟机拍摄的一个视频文案使用的就是转折式的文案结尾方式。该文案先是像正常洗发水广告一样，抛出了一个导致头发不健康的问题。这时大多数观众或许会认为这是一个洗发水广告，接下来视频中就会推荐一款洗发水产品来解决头发问题。但该视频文案却突然发生转折，告诉观众想要一头健康的秀发，需要的是一台真正不跑烟的油烟机，以此带出该品牌油烟机的广告。该品牌抽油烟机的视频文案片段如图4-40和图4-41所示。

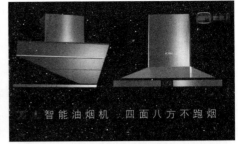

图4-40　某品牌抽油烟机视频文案片段一　　图4-41　某品牌抽油烟机视频文案片段二

5. 售后式

售后式结尾就是在文案最后直接说明产品的使用方法、使用技巧和售后物流等消费者购买产品最关心的问题。售后式结尾方式也是电商文案中最常使用的一种结尾方式，如图 4-42 所示。

服务说明

📦	**实付满 399 包邮**	本店采用顺丰为物流配送方式，覆盖中国大陆地区（暂不支持港澳台及海外地区），顺丰无法送达的地区为您转寄至第三方快递配送。
🔧	**2 年保修**	全店腕表均享受 2 年机芯保修服务，保修期满或非保修范围问题可为您提供专业的有偿维修保养服务。
📅	**7 天无理由退换**	支持 7 天无理由退换货，完善的售后保障，请确保退回商品完好完整，不影响 2 次销售。
🛡	**正品保障**	▇▇▇▇▇▇▇▇▇ 旗舰店为品牌官方直营，全部商品均为正规报关进口，官方直供正品品质有保障。

图4-42　售后式文案结尾方式

4.4　高手秘籍

技巧 1——电商文案中营销关键词的设置要点

很多用户在购物前，会习惯性地搜索与产品相关的词汇，然后从搜索结果的前几页中选择性地查看产品及相关的信息。那么，要使自己的电商文案列入搜索结果，就必须在文案中设置营销关键词，也就是与产品相关的词汇。

但是，生硬地添加关键词到文案中是不可取的，文案创作者可以先根据产品本身的特点和用户群体制定很多的关键词，然后围绕这些关键词来进行文案的创作。下面就来看看在电商文案中设置营销关键词时应掌握哪些设置要点。

1.语句通顺自然

在创作电商文案时，应该结合文案上下文语义来插入关键词，不能随意在文案的开头、中间、结尾强行插入关键词。这是因为，在文案中随意插入关键词，很有可能会导致语句不通顺、不自然，这时平台方的搜索引擎系统有可能就会通过语义识别将其判定为作弊，这将对文案的传播造成很不利的影响。所以，在文案中插入关键词时一定要保证语句通顺自然。

2.进行语义分析

消费者经常通过搜索引擎搜索一些与消费需求相关的关键词，比如当消费者想购买一台55寸的4K电视机时，通常会在搜索引擎中输入"55寸4K电视"这样的关键词，并从搜索结果列表中的前几页选择文章进行阅读。

所以，如果希望自己的电商文案能够被消费者搜索到，就应当在文案中设置相应的关键词。不过，要如何设置关键词才能保证被搜索到而且排名靠前呢？这就要在创作文案时进行详细的语义分析，充分理解每个关键词的意思，研判消费者的搜索习惯，这样才好做关键词的优化。

3.注意关键词形式的变化

为了提升搜索引擎的搜索效率，在设计营销关键词时，不一定都要用同一个关键词，可以使用多种形式的关键词来代替。常见的有同义词、近义词和英文形式。

- 同义词。例如，"打折"可以用"折扣"来代替。
- 近义词。例如，"运动鞋"可以用"跑步鞋"来代替，与同义词类似。
- 英文形式。例如，"独享装"可以用"Self-consumption"来代替。

4.注意关键词出现的频次

在创作电商文案时，在文案的开头、正文和结尾均可以设置关键词，但需要注意关键词出现的频次。

- 文案开头。关键词在文案开头一般出现1次即可，如有必要也可以出现2次，但最好不要超过2次。
- 文案正文。正文中关键词出现的次数需要视电商文案的篇幅长度而定，正常情况下关键词出现的次数一般为1～2次，如果是篇幅较长的软文类的文案可以适当增加关键词出现的次数，但切忌出现关键词堆砌的现象。
- 文案结尾。为保证首尾呼应，在文案结尾处也需要再出现1次关键词。

技巧2——电商文案中常见的关键词优化设置技巧

在电商文案创作中，关键词的优化设置是一定技巧的，根据消费者的搜索习惯，常见的关键词优化设置技巧如下。

1.产品＋功能特效

"产品＋功能特效"是对自身产品的卖点介绍和功能描述，可以从产品的特性、不同的受众群体及服务等多个方面出发确定关键词。例如，某款羊毛大衣的产品文案，从产品的做工、材质及服务属性三个角度出发设置了纯手工、全羊毛、高品质三个关键词，如图4-43所示。

图4-43　某款羊毛大衣的产品文案

2．产品＋搜索意图

搜索意图是指"是什么？""怎么样？""哪里有？"等。"产品＋搜索意图"主要是基于对自身产品所在行业的规则，对一些特有词汇进行组合的方法。例如，"酸梅汤怎么制作？""××洗发水的去屑效果怎么样？"等。这类关键词一般较为口语化，比较符合大部分消费者的搜索习惯，而且通过这类关键词搜索文案的消费者也基本上都是转化率很高的精准客户。

3．产品＋品牌型号

"产品＋品牌型号"是借助自己品牌、竞争对手品牌或知名品牌的前期积累的人气进行文案宣传，将知的名牌名称和产品型号作为文案的关键词。例如，某品牌笔记本电脑就是采用"产品＋品牌型号"的方式来设置文案中的关键词，如图4-44所示。

4．产品＋经营模式

经营模式可以是零售、代购或加盟等，在关键词优化设置时，将这些信息体现出来可以更准确地找到潜在客户，例如"正品行货代发""正品代购"等，如图4-45所示。

图4-44　某品牌笔记本电脑的产品文案

图4-45　某代购产品的文案

第5章

网店文案的写作技巧

本章导读

　　网店是电商的主要形式，在一家网店中会有很多不同的页面，比如店铺首页、商品列表页、商品详情页面、店铺活动页面、品牌宣传页面等。这些页面通常会将不同类型的文案组合在一起，以达到展示产品信息、宣传品牌形象、促进产品销售等目的。网店中不同的文案类型会有不同的作用，撰写的方法也有所不同。本章将针对网店中各类型文案的写作方法和技巧进行详细讲解。

5.1 网店中主图文案的写作

网店中的主图文案是吸引消费者在搜索结果中点击产品的关键因素，也是消费者进入产品详情页面后看到的第一张图片，它的好坏将直接决定消费者是否有兴趣继续浏览产品具体的详情页内容。如果商家想让主图打动消费者，就需要在主图文案的创作上下一番工夫。

5.1.1 主图文案的作用与特点

主图文案是产品最重要的展示方式之一，消费者在搜索产品时，会在搜索结果中看到很多相关产品的主图，消费者通常会点击感兴趣的主图进入商品详情页，因此，主图文案的作用主要体现为是否能够吸引消费者点击。另外，根据统计数据，有接近四成产品销售转化来自产品的主图，这说明主图文案对产品转化率的提升也有一定的帮助。

主图文案的设计要具有特色，能够允分展示产品的卖点，这样才能吸引消费者注意力，有效提升产品的点击率和转化率。优秀的主图文案通常具备 5 个特点，如图 5-1 所示。

图5-1　主图文案的特点

1. 目标明确

主图文案的主要作用是吸引消费者，所以在撰写主图文案时，并不是简单地将产品的特点和促销信息罗列到图片中就可以了，而是需要站在消费者的角度考虑，放置消费者希望在主图中看到的内容。

例如，某款抽纸产品的主图文案，如图 5-2 所示，该文案的创作目标是通过促销活动来提高产品的销量，所以主图文案就应将促销信息（数量、价格）清楚地表达出来，作为写作的主要内容。

2. 划分需求

不同的产品针对的消费人群往往是不同的，而不同的消费人群其消费水平也会有所不同。若产品的消费群体定位为中低端，那么在设计主图时就需要突出产品的性价比；若产品的消费群体定位为中高端，则需要展现产品的品质与带给消费者的感觉。

例如，某款钱包产品主要针对高端消费者，所以文案创作者通过主图告诉消费者该产品是奢侈品、是全球新品，且能够保证是正品，从而带给消费者一种尊贵的感觉，如图 5-3 所示。

图5-2　目标明确的主图文案　　　图5-3　定位高端消费者的主图文案

3. 精练表达

电商平台通常对主图的尺寸大小有限制，尤其是移动端，其屏幕本身就较小，因此主图尺寸也必须较小，所以展示的内容就非常有限。因此，主图文案的内容要尽量做到精练，长话短说、废话不说，通常只对消费者展示最重要的产品或促销信息即可。

例如，某款鞋类产品的主图文案，除了展示产品以外，只呈现了活动价格、活动时间等重要的产品信息，简洁精练，使人一目了然，如图 5-4 所示。

图5-4　精练表达的主图文案

4. 展示属性

消费者在搜索产品主图时，通常会以产品的属性词为关键词进行搜索。因此，主图中应该重点突出产品属性的特点。这样做的好处主要有两点：一是可以吸引消费者的注意力；二是可以使店铺获取更精准的流量，提高产品的转化率。

例如，某款炒锅产品的主图文案，展示了该产品的功能属性（如红点感热控温）、价格属性（如活动价：238）及服务属性（如顺丰包邮、粘锅包退），使消费者能够更全面地了解产品的基本信息，如图 5-5 所示。

5. 展示差异化

如果主图文案的设计能够做得独具创意、与众不同，点击量就会较高，就有可能得到平台方的扶持，从而获得更多的流量。展示差异化的方式有很多，比如卖点展示、场景展示、模特展示、视觉展示、背景展示及搭配组合等。这几种方式可以单独使用也可以混合使用，但一定要做到美观，且能够突出产品的特点。

例如，大多数雨伞产品的主图都是直接呈现产品的卖点，背景图也相对较为简单，但某款雨伞产品的文案主图却另辟蹊径，选用户外背景作为主图的背景图，以突出产品品质优良、不怕雨雪，能够应对任何恶劣天气的特点，这就与大多数雨伞主图区别开来了，如图 5-6 所示。

图5-5　展示属性的主图文案　　　　图5-6　展示差异化的文案主图

5.1.2　主图文案的写作技巧

主图文案既是提高产品点击率的关键，也是消费者了解产品的一个重要窗口。写好主图文案需要掌握一定的方法和技巧，下面就来看看主图文案有哪些常见的写作技巧。

1. 利益诱导

利益诱导通常是指直接给予消费者打折或者赠品等好处，以此来引导消费者购买产品的行为。比如，在主图文案中呈现限时包邮、全场5折、满100立减20，以及买一赠一、点击就送等优惠信息，如图5-7所示。

2. 数字展示

主图文案中可以利用数字直观展示产品的销量或卖点，具体的数字展示方式有以下3种。

- ■ 从众消费心理。1小时卖出300件，月销10000件等。
- ■ 用数字展示产品的价格或者折扣。使消费者更清楚能够得到的利益。
- ■ 容量体积参数。消费者在选购产品时需要考虑产品本身的体积、重量、码数等参数，直接展示在主图上，以便于消费者做出购买决策。

例如，某大蒜产品的主图文案，该文案将产品价格和重量都用数字予以重点显示，使消费者感受到产品的实惠，同时又用限量500单这个信息来促使消费者尽快下单购买，如图5-8所示。

图5-7　利益诱导的主图文案　　　　图5-8　数字展示的主图文案

3. 感情渲染

感情渲染是指在创作主图文案时利用感情的描写，来抓住消费者心理的柔弱点，然后吸引消费者购买产品。例如，某款老人鞋产品的主图文案，该文案通过"妈妈笑了"的文案主题来表现老人收到子女赠送的老人鞋后很开心的情景，很容易触动那些想为妈妈尽一份孝心的消费者，使他们产生购买行为，如图5-9所示。

图5-9　感情渲染的主图文案

4. 展示效果

展示效果即在主图文案中向消费者呈现产品的使用效果，文案创作者可以通过向消费者描绘使用产品后的理想蓝图，或者对比方式来展示产品效果。要想更好地展示产品效果，文案创作者首先需要确定产品的目标消费者人群，然后找准他们的需求，并展示产品的主要卖点。例如，某款打底裤产品的主图文案，该产品的主要卖点是瘦身塑形，购买该产品的消费者其需求也是瘦身塑形，所以该文案通过对比的方式为消费者塑造了该产品最理想的穿着效果，如图 5-10 所示。

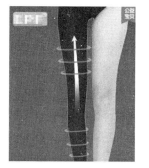

图5-10　展示效果的主图文案

5. 名人效应

名人效应就是利用明星、名人的高人气来进行产品的推广。很多消费者都有自己喜欢的公众人物，对他们的一举一动都很感兴趣，如果主图文案中能够融入这些名人的相关内容，就容易被消费者搜索到，并进行点击和关注。例如，某款服装产品的主图文案，直接在其文案中显示明星同款，以此来吸引该明星粉丝的关注和购买，如图 5-11 所示。

图5-11　利用名人或明星效应的主图文案

5.2　网店中详情页文案的写作

产品的详情页是商家向消费者详细展示产品相关信息的地方，也是网店中产品文案创作的主战场。消费者是否会对产品感兴趣，是否会购买产品，主要取决于详情页文案的优秀与否，因此，详情页文案对于提高产品转化率具有决定性作用。下面将针对网店中详情页文案写作的相关内容进行讲解。

5.2.1　详情页文案的作用与特点

要想创作出符合消费者审美，满足消费者需求，能够激发消费者购买欲望的详情页文案，首先需要了解详情页文案的作用和特点。

1. 详情页文案的作用

产品详情页文案能够最大限度地展示产品的卖点，使消费者了解产品的各项信息，延长在店铺的停留时间；同时，产品详情页文案还可以间接地引导消费者做出实际的购买行为，提高店铺的转化率。下面针对详情页文案的几个主要作用进行详细介绍。

（1）展示产品的基本信息。产品详情页中拥有详细的产品信息描述，包括产品的品牌、材质、样式和价格等基本信息。除此之外，在产品详情页中还会针对产品的细节、功能用途及适宜人群等内容进行相关描述。消费者可以通过这些详细的产品信息描述，有效地了解产品的基本信息。某款电水壶产品的详情页文案展示如图 5-12 所示。

一壶健康水
精饮好人生
SUPOR
双层防烫
304不锈钢
1.5升大容量
STRIX
温控器
自动断电
贴心设计
全钢无缝
一体成型
1500w功率
急速沸腾

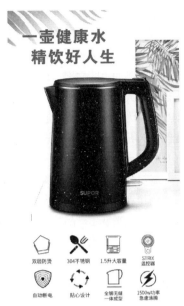

图5-12　展示产品基本信息的详情页文案

（2）展示产品的卖点。详情页文案中除了会展示产品的基本信息以外，还要提炼出产品的核心卖点，以吸引消费者的注意力。在进行详情页文案写作时，文案创作者要将产品最主要的功能和特点提炼出来，通过图片、文字、视频等多种形式予以重点展示，以突出产品的优势。例如，某款智能手表产品的详情页文案中为消费者呈现了该产品的 4 个核心卖点，如图 5-13 所示。

（3）获得消费者信任和好感。产品详情页文案在展示产品信息的同时，也是在向消费者塑造产品和店铺的形象，使消费者对产品和店铺能拥有一个良好的印象。在详情页文案中除了展示产品的信息以外，还设置了很多从消费者角度来考虑问题的内容，比如购买须知、买家评价和注意事项等内容，如图 5-14 所示，这些内容的出现往往能够让消费者感受到商家的真诚，从而赢得消费者的信任和好感。

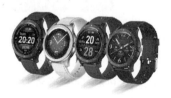

Intelligent Watch
智能运动手表
心率、血压监测 | 多种运动模式 | 实时心率 | 全触控

图5-13　展示产品核心卖点的详情页文案

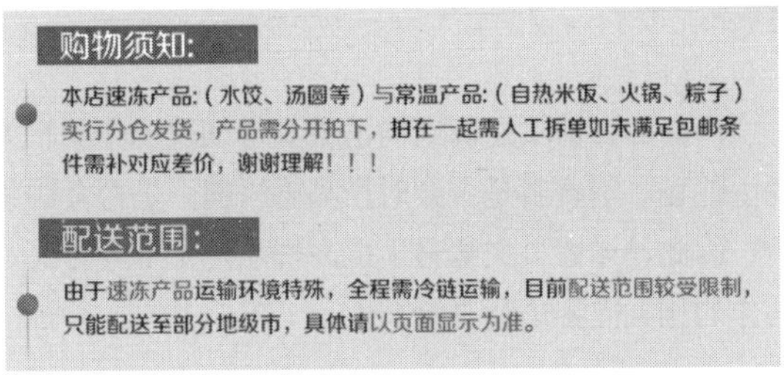

购物须知:
本店速冻产品:（水饺、汤圆等）与常温产品:（自热米饭、火锅、粽子）实行分仓发货，产品需分开拍下，拍在一起需人工拆单如未满足包邮条件需补对应差价，谢谢理解！！！
配送范围:
由于速冻产品运输环境特殊，全程需冷链运输，目前配送范围较受限制，只能配送至部分地级市，具体请以页面显示为准。

图5-14　给予消费者良好印象的详情页文案

（4）引导消费者购买产品。详情页文案创作的主要目的在于实现产品的销售转化，所以一篇好的产品详情页文案往往能够使消费者快速在其中找到符合自己需求的内容，进而产生购买欲望和行为。

另外，产品详情页文案中还可以设置其他产品推荐或促销活动等内容，如图5-15所示，这些内容也会激发消费者继续浏览的欲望，增加消费者在店铺中停留的时间。但需要注意的是，产品详情页文案中的促销信息一定要及时、有效，不能放置已经失效的内容或者虚假内容，否则会严重伤害消费者的购物体验。

图5-15　产品详情页文案中的其他产品推荐

2. 详情页文案的特点

产品详情页是通过视觉表现形式来向消费者传递产品信息的，所以针对详情页文案的创作主要有4个特点，如图5-16所示。

（1）虚实结合。在创作详情页文案时，对于产品基本信息的描述一定要符合实际情况，确保真实可信，不能肆意夸大或者弄虚作假，但对于产品的背景介绍、消费者反馈等内容的描述可以适当进行一些美化和加工，让产品看起来更加有内涵和品质保障。例如，某款大米产品的详情页文案，通过一款烹饪食谱的介绍，来美化产品的品质，如图5-17所示。

图5-16　详情页文案的特点

（2）图文并茂。一篇优秀的详情页文案，既要有一定的文字解说，也要通过精美的图片来吸引消费者的注意。只有图文结合的产品详情页，才能为消费者提供一个良好的视觉体验。当然，文案创作者在创作文案的过程中还需要注意图片和文字的美化。一款保温杯产品的详情页文案就体现了这一原则，如图5-18所示。从图中可以看出，文字主要起辅助说明的作用；图片则用以增强视觉感受，体现产品的真实性与美观性。

图5-17　虚实结合的详情页文案

图5-18　图文并茂的详情页文案

（3）详略得当。一篇好的产品详情页文案，应该妥善安排好内容，其中，重点信息或较难理解的信息应该详细描述，而次要信息或简单的信息则应简单描述，整个文案布局做到详略得当，重点突出，让消费者迅速提炼出有用的产品信息。例如，某款手机产品的主要卖点是它的拍照功能，所以该产品的详情页文案中就将与拍照有关的产品信息，予以重点描述，如图5-19所示。

（4）场景化表现。为了使详情页文案内容更生动、更真实，同时也为了加强消费者对信息的感知能力，文案创作者需要为文案内容打造一定的场景。通过某些特定的场景，来激发消费者的购物欲望，使消费者产生代入感，从而在内心深处建立起对产品的感知。例如，某款沙发产品的详情页文案，用一张全景图充分向消费者展示了产品的使用场景，使消费者产生强烈的代入感，仿佛自己就置身在产品所在的场景中，如图5-20所示。

图5-19 详略得当的详情页文案　　　　　图5-20 展示产品使用场景的详情页文案

5.2.2 详情页文案的写作技巧

无论商家的产品再好，如果没有配上一篇好的详情页文案进行推广，该产品的销量也是很难得到提升的。那么，文案创作者应该如何去撰写产品的详情页文案呢？详情页文案的写作技巧又有哪些要点呢？

1. 展示产品卖点

产品卖点是促使消费者产生购物行为的主要因素，产品卖点越符合消费者的购物需求，就越能激发消费者的购物欲望。一般来说，产品卖点应该要体现出独特性和差异性，所谓独特性就是指产品身上所具有的某些独一无二、不可复制的特点；差异性是指该产品与同类产品之间的区别。展示产品卖点的最好方法就是将凝练的文字形成一句主打广告语，然后通过文案内容来进行展示。

通常，产品的功能、性能、外观、历史等都可以提炼出卖点。例如，某店铺销售的一款黑芝麻糊产品，文案创作者利用该产品的时间特点，再结合消费者对产品品质的需求，提炼出了一个非常不错的卖点："甄选食材——30余年品质追求"，如图5-21所示。

2. 展示产品细节

产品的详情页文案需要从不同的方面展开讲解，使消费者全面深入地了解产品的每一个细节，比如产品的材质、颜色、大小尺寸等，以帮助消费者进行产品选择。

展示产品细节时，通常利用局部放大产品细节的图片来帮助消费者仔细观察和研究产品，从而消除消费者购买的顾虑。细节展示图能够很好地展现产品的材质、面料、做工、剪裁、设计、款式等信息，同时还能放大产品的特色和优势。在展示细节的同时，还可以添加一些文字来说明产品的特色，使用户更加了解产品的信息，如图 5-22 所示。

图5-21　产品卖点的提炼

SHOW DETAILS
细节展示

强韧舒适手提
皮面厚实饱满，圆润适合，即使长时间拎包也不容易勒手

图5-22　采用局部放大的形式介绍产品细节

对于食品、家电等类目的产品，消费者看重的往往并不是产品外表样式方面的细节表现，而是希望看到产品的功能与品质保证。因此，这类产品在进行细节展示时，就需要多结合产品的功能、用途、品质等信息进行相应的介绍和说明。例如，某款烤箱产品的详情页文案，通过展示产品细节向消费者介绍烤箱的功能和操作，如图 5-23 所示。

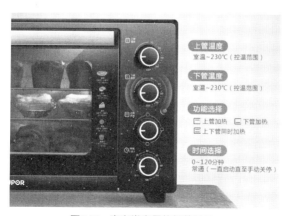

图5-23　家电类产品的细节展示

3. 展示产品评价

在电商平台上，一般都会设置有评价模块，消费者可在购买产品后进行评价。在产品详

情页中，可以放入评价模块中的好评截图，向消费者展示本产品受欢迎的程度，赢得消费者的信任，促使消费者购买产品，如图 5-24 所示。

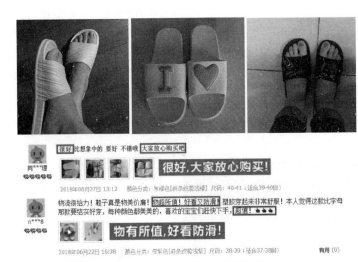

图5-24 在详情页中展示产品评价

提示 为了获取更多优质的产品评价，文案创作者可以尝试通过分享、评论、点赞等方式促进消费者互动；通过积分、返现等方式刺激消费者分享产品图片，进行产品评价。

4. 展示产品质量保证

在网络上购物不像在实体店购物，消费者无法实实在在地触摸到产品，所以很多消费者常常因为不确定产品的真实性而放弃购买。因此，文案创作者应该通过各种方式展示产品的质量保证，消除消费者的疑虑。展示产品质量的有效方式有很多种，如提供产品的质检报告、资质证书、获奖证书、正品认证及防伪查询等。例如，某产品详情页文案中展示了产品的防伪验证信息，如图 5-25 所示。

5. 展示产品相关说明

产品的相关说明通常会被安置在产品详情页文案的结尾处进行展示，主要是用于添加各种提示，如购买须知、正品承诺、商品库存、物流服务、退换货政策等信息，这部分内容同样是提高消费者信任度的关键，如图 5-26 所示。

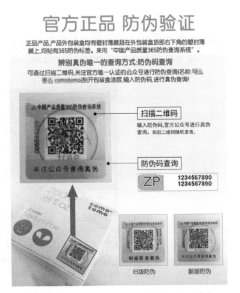

图5-25 详情页文案中展示的防伪验证信息

图5-26 详情页文案中的产品相关说明

网店中海报文案的写作

网店中最引人注目的就是一张张设计精美的海报文案。海报文案是文字、图片、色彩、空间等要素的完美结合，具有很强的视觉冲击力，在吸引消费者注意力、激发消费者购买欲望、引导消费者下单购买等方面发挥着重要作用。

5.3.1　电商海报文案的特点

电商海报文案通常被用于店铺的品牌推广、新品推广、爆款推广及活动推广。电商海报文案一般具有以下特点。

（1）具有很强的广告宣传性。海报文案是广告的一种表现形式，具有很强的广告宣传性，无论是线下的传统宣传海报，还是线上的各类宣传海报。电商海报文案的创作要具有一定的营销意识，将图形与文字进行完美结合，以吸引更多的消费者点击。

（2）直截了当地表达信息。与传统的海报文案不同，电商海报文案主要是通过网络呈现给消费者的，需要突出"快、准、狠"的特点，电商海报文案应该尽可能地在最短的时间内，通过图形和文字把最想传达的信息直截了当地表达出来，直达消费者眼球。

（3）简明扼要地表达文案主题。电商海报文案想要在短时间内吸引消费者并促成点击，这就要求电商海报文案在语言的表达上必须做到简洁明了、易于阅读、逻辑清晰，使消费者看一眼就能知道海报文案所要表达的主题是什么。

5.3.2　电商海报文案的构成

电商海报文案通常包括主标题、副标题、附加内容等，根据海报的类型不同，有的海报文案还有产品名称、品牌名称、产品卖点和促销信息等内容。

1. 主标题

海报的主标题是海报文案中最重要的一部分内容，其作用在于吸引消费者的注意力。海报的主标题要直击目标消费者的痛点，即要找到吸引目标消费者的"兴趣点"。因此，海报文案的主标题要具有以下特点。

- 主标题一定要明确，且一次只能主打一个痛点。
- 主标题要精准，直截了当、通俗易懂。
- 主标题的字体一定要够大，让消费者第一眼就能看到标题，第一时间就能接收到海报传递的最重要信息。

例如，一家经营生活电器的店铺，创作的网店海报主标题为"厨房黑科技"，由于使用了巨大的字体，所以能够充分引起消费者的注意力，如图 5-27 所示。

2. 副标题

海报的副标题是用来对主标题内容进行补充说明的，或者用来突出主标题。例如，某网店的海报文案副标题为"150 余款 3.5 折上新"，如图 5-28 所示。需要注意的是，并非所有的海报文案都有副标题，需要视具体情况而定。

图5-27　采用大字体引起消费者注意的主标题

图5-28　采用了副标题的海报文案

3. 促销信息

由于海报文案本身就是一种广告形式，少不了有一些促销信息，比如打折、满就送、满减等。例如，某网店海报文案中的促销信息为"买2发3，买3发5"，如图 5-29 所示。

图5-29　展示促销信息的海报文案

5.3.3　电商海报文案的写作技巧

海报文案是一家网店中最具视觉冲击力的宣传工具，能够将商家与消费者直接联系在一起，通过文字和图片等元素快速将最重要的产品或品牌信息传递给消费者。要想写作出高点击率的海报文案，吸引消费者的注意力，激发消费者的购买欲望，就需要掌握一些海报文案的写作要点。

（1）反复推敲产品的卖点与核心价值。开始写作海报文案之前，文案创作者首先要全面熟悉产品，了解产品的核心功能、产品能带给消费者什么样的价值，产品的卖点能不能吸引消费者的注意，这些都必须反复推敲。

（2）精简概括要表达的内容。写作海报文案，语言表达要言简意赅，尽量减少对产品内容的修饰，用精练的语言来准确地传递信息，在短短几秒内让消费者理解文案意图并采取行动。

（3）要站在消费者的角度分析问题。海报文案的受众是消费者，所以在写作海报文案时，应该尽可能地站在消费者的角度去分析问题，从消费者的角度出发分析产品的价值、产品提供的需求、产品的性能等内容，这样创作出来的海报文案才能有效地吸引消费者。

5.3.4 电商海报文案的写作方法

虽然海报文案创作的目的是推广产品或品牌，但文案的表现手法却各有不同。电商海报文案常见的写作方法主要有以下几种。

1. 直接阐述

直接阐述是指在海报文案中，围绕产品的价值和卖点，直接阐述产品或主题内容的一种写作方法。这种写作方法的特点是细致刻画产品的卖点、功能、用途和质感，使消费者对产品产生一种亲切感和信任感，以吸引消费者的购买。例如，某款茶叶产品的海报文案，直接明了地告诉消费者该产品的特点是鲜香嫩芽、回味甘爽，如图5-30所示。

图5-30 采用直接阐述方法创作的海报文案

2.突出特征

突出特征是指将产品或主题的个性特征作为卖点，加以烘托处理，或者将这些特征置于文案中的主要视觉部位，将其展现给消费者，使消费者在接触文案的一瞬间感受到宣传内容的独特性，以达到刺激消费者购买欲望的目的。例如，某款智能电视产品的海报文案，通过侧面展示产品，生动形象地表现出了产品无边框、全面屏的特征，如图5-31所示。

3. 合理夸张

合理夸张是指在创作海报文案时，为了增加消费者对文案内容的印象，适当通过夸大产品的品质或功能特性的一种文案写作方法。例如，某款笔记本散热器产品的海报文案通过"驱热猛禽 冰镇机身"的夸张描述来突出产品的超强制冷性能，从而增加消费者对该产品的兴趣，如图 5-32 所示。当然，夸张一定要适度，过于夸张只会给消费者留下不良的印象，结果适得其反。

图5-31 采用突出特征方法创作的海报文案

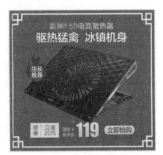

图5-32 采用合理夸张方法
创作的海报文案

4. 幽默诙谐

幽默诙谐是指为了吸引广大消费者注意力，文案创作者可以在海报文案中，运用诙谐的写作手法营造出一种充满情趣、引人发笑而又耐人寻味的幽默意境。例如，某网店的海报文案就是通过一副幽默诙谐的对联来进行活动宣传的，如图 5-33 所示。

5. 情感烘托

情感烘托就是在海报文案中借用美好的情感来烘托主题，用真实而生动的情感来打动消费者。例如，某款保健产品的海报文案"愿爸妈 keep 住年轻活力"，该文案从情感角度出发，通过女子希望父母年轻、健康的心理来唤起对消费者对该产品的认可，从而起到以情动人的宣传效果，发挥艺术感染人的力量，如图 5-34 所示。

图5-33 采用幽默诙谐方法创作的海报文案

6. 制造悬念

制造悬念就是在海报文案中不直接阐述卖点信息，而用一些描述效果的文字使消费者产生疑惑，从而激发他们的好奇心，引起他们进一步探索文案悬念的强烈愿望。例如，某店铺的一款护肤品产品的海报文案，并没有直接推荐产品，也没有介绍产品的功能卖点，而是通过"爱始终年轻 美一如初见"的描述给消费者留下的一个悬念，激发起了消费者的好奇心，使消费者想要去一探究竟，看看到底是什么样的产品能使自己变得更加年轻、美丽，如图 5-35 所示。

图5-34　采用情感烘托方法创作的海报文案　　　图5-35　采用制造悬念方法创作的海报文案

 5.4　网店中促销活动文案的写作

为了提高网店产品的点击率和转化率，电商商家们纷纷通过各种促销活动来获取更多的优质流量，比如大型电商促销活动"双十一""双十二""6·18"等，此外，节日促销、新品促销等也都是网店促销活动的常态。促销活动文案是促销活动的关键，消费者通过它了解活动并参与活动，因此促销活动文案的质量直接影响着活动的效果。

5.4.1　促销活动文案的作用

电商活动的本质是结合产品的内容，通过各种手段来提升网店消费者的数量和质量，并产生一定的经济效益。因此，促销活动文案创作的本质在于吸引消费者关注，帮助网店促销活动顺利开展。促销活动文案的作用主要体现在 4 个方面，如图 5-36 所示。

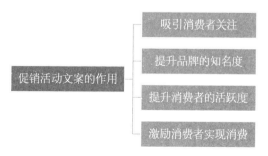

图5-36　促销活动文案的作用

1. 吸引消费者关注
对于电商活动文案而言，活动本身就是一场精心策划的营销型事件，能在较短时间内快速进行病毒式营销并大量吸纳消费者关注。例如，某网店针对"双十一"购物狂欢节所创作的促销活动文案，该文案通过打5折、包邮等促销方式来吸引消费者的关注，如图5-37所示。

2.提升品牌的知名度

当一家网店想要推出一款新产品时，首先需要提升消费者对品牌的熟悉度。对于一些本身知名度就比较高的品牌，可以采用活动营销的方式来刺激和鼓励消费者进一步认识该品牌中的新产品。这种类型的活动文案通常不需要过多地考虑消费者的转化问题，形式上可以采用直接的广告输出，但是需要在极短的时间内获得大量的曝光，使消费者了解并熟悉这个品牌或产品。例如，某食品品牌的促销活动文案，利用元宵节的节日氛围进行活动营销，推广自己的品牌，提升品牌的知名度，如图5-38所示。

图5-37 "双十一"购物狂欢节的活动文案　　　图5-38 某食品品牌的促销活动文案

3.提升消费者的活跃度

电商促销活动文案还有一个重要的作用，即通过促销活动，提升消费者的活跃度。对于新客户，可以通过新客优惠、首单免邮等促销活动来提升他们的活跃度，增强他们购买产品的积极性；对于老客户，可以通过老客户专享价、会员赠礼等促销活动来唤醒他们，刺激他们继续购买产品。例如，某网店通过限时促销活动的方式来提升消费者的活跃度，如图5-39所示。

图5-39 某网店的限时促销活动文案

4.激励消费者实现消费

通常情况下，电商商家参加各种各样的促销活动，就是为了增加网店的流量和销量。所以，电商促销活动文案的最终目的就是进行消费变现，激励消费者购买产品，实现经济上的收益。

5.4.2　促销活动文案的写作技巧

电商促销活动文案由于是以活动为基础进行创作的，所以在写作时必须要结合促销活动的内容、方式和要求进行撰写，写作时使用一些技巧可以有效提高文案的促销效果。

1. 文案标题使用高频词组合

促销活动文案创作的主要目的是通过营销活动销售产品。为了能够更好地与潜在的消费者沟通，并向其高效传递有价值的内容，文案创作者可以在活动文案标题中使用一些常用的高频词汇，以此来吸引消费者关注，提升产品的转化率。

例如，某网店的促销活动文案，直接在活动文案的标题中给出"爆款""直降"这类高频词汇，以此来吸引消费者的关注，促使他们产生购买欲望，如图5-40所示。

图5-40　在促销活动文案标题中使用高频词汇

2. 文案中充分体现消费者的利益点

促销活动文案仅仅只是站在产品的角度来强调产品的核心功能和优势是远远不够的，还应该从消费者的角度出发，重视消费者的利益，突出消费者购买产品后能够得到的好处。消费者最关心的往往是：产品能为他们带来怎样的价值？能解决哪些实际问题？这些才是决定消费者是否购买产品的主要因素。

例如，某网店在元宵节期间，结合消费者希望在活动中购买实惠商品的利益点创作了促销文案，向消费者传递了"抢实惠·低至9.9"这一重要的产品促销信息，如图5-41所示。

图5-41　在促销活动文案中体现消费者的利益点

3. 文案的语言风格应符合消费群体的用语习惯

不同的消费群体拥有不同的消费偏好，面对不同的消费者群体，促销活动文案的创作在其表达内容和语言风格上也会有所不同。文案创作者在撰写促销活动文案时，应尽量根据不同消费人群的用语习惯来进行创作，这样才能有效拉近与消费者的距离，凸显促销活动的氛围，进而加深消费者对促销活动和促销产品的印象。比如，针对中老年消费者群体，文案创作者应该尽量以通俗易懂的语言，或者晚辈的口吻来撰写文案；针对年轻时尚的消费群体，文案创作者可以多使用一些网络用语，或者通过幽默诙谐的语言风格来撰写文案。

例如，某家经营数码产品的网店撰写了一个面向年轻消费者的促销活动文案，如图 5-42 所示。该活动是借助情人节所做的产品推广活动，主要针对的消费群体是热爱游戏的年轻情侣，所以该促销活动文案以"玩乐好礼 倾献挚爱"为主题，非常符合年轻人的语言表达风格。

图5-42　符合年轻消费群体的促销活动文案

4. 激发消费者参与活动，并实现消费

促销活动的主要目的在于帮助商家吸引更多的消费者，并提高店铺的转化率，但如果没有消费者参与到活动中，那就无法达到预期的营销推广效果。因此，一篇优秀的促销活动文案要能够激发消费者的活动参与感，使其积极参与到活动中，并产生实际的消费行为。

文案创作者在撰写活动文案时，既要让消费者了解活动的规则和流程，又要通过各种方法去激励消费者参与活动，实现消费。例如，某款手机产品的促销活动文案清楚地向消费者介绍了活动的时间、活动的内容，以及关于活动项目的说明，以此来刺激消费者积极购买该产品参与活动，如图 5-43 所示。

图5-43　某款手机产品的某款产品的促销活动文案

5.5 网店中电商品牌故事的写作

品牌是一家电商企业的重要组成部分之一，要塑造品牌形象，除了在产品、服务上下工夫，还需要专门的品牌故事文案来向消费者进行"品牌营销"。一篇优秀的品牌故事文案能够将品牌的历史、内涵、精神等内容一一传递给消费者，从而在潜移默化中影响消费者对品牌或产品的认可度。

5.5.1 电商品牌故事文案的作用与特点

比起直截了当的广告，电商品牌故事文案是一种更深层次的营销方式，它以讲述企业文化的方式提升品牌和产品的内涵，以达到吸引消费者的目的。想要写好品牌故事文案，首先需要了解它的作用和特点。

1. 电商品牌故事文案的作用

品牌故事文案能够很好地树立品牌的公众形象，为产品赋予鲜活的生命力，使消费者感受到一种特殊的价值。电商品牌故事文案的作用主要体现在以下几个方面。

（1）增加消费者对品牌的印象。对于消费者而言，产品的品牌就是一个简单的符号或者标识，消费者在购买产品时往往只关注产品的使用价值，不会对产品品牌留下太大的印象。创作品牌故事文案就是为了让消费者了解该品牌，记住该品牌，进而对该品牌产生好感。例如，某巧克力品牌，通过"百年美国　经典口味"的品牌故事文案使消费者知道了该品牌具有悠久的历史，同时又向消费者说明了该品牌生产的是经典口味的产品，受到全球很多消费者的喜爱，从而加深消费者对该品牌的印象，如图5-44所示。

图5-44　某巧克力品牌的品牌故事文案

（2）激发消费者对产品或品牌的认同。创作品牌故事文案不仅能增加消费者对品牌的印象，还能激发消费者对产品或品牌的认同感。当一个能够广泛传播的品牌故事被消费者熟知后，该品牌的产品就拥有很强的亲和力，从而得到消费者对品牌的认同或认可，最终将影响消费者的购买决策。

（3）有助于培养消费者的忠诚度。品牌故事文案中通常都包含了一定的企业文化内涵，通过品牌故事的传播，可以把商家和消费者紧紧地联系在一起，有助于培养消费者对该品牌的忠诚度，从而保持该品牌在市场中的竞争优势。

（4）有利于品牌口碑的传播。有些品牌故事带有一定的互动性，能够使消费者积极地参与到其中。这些带有互动性的品牌故事文案，能够使品牌的形象更生动、渗透性更强，也更容易激发品牌的口碑传播。相比普通的广告传播，品牌故事文案的成本虽然很低，但传播效率却更高。

2. 电商品牌故事文案的特点

任何一个产品或品牌都有属于自己的故事，都有需要向消费者传递的价值与理念。那么，那些打动消费者的电商品牌故事文案都具有哪些特点呢？

（1）有强烈的代入感。电商品牌故事文案既然要向消费者讲述品牌故事，那么这个故事的构思就要具有吸引力，要能充分调动起读者的情绪，使读者产生一种很强的代入感。为了达到这个目的，在创作品牌故事文案时，要多设计一些能够深深吸引消费者的情节，为消费者营造出一种身临其境的场景，使消费者在阅读故事时情不自禁地将自己代入情节中，把自己当作故事中的主人公，从而对品牌产生认同感。

（2）多以人物为创作主体。创作品牌故事文案最常用的方法就是描述某个人的经历，一般是描述品牌创始人的创业经历，通过讲述人物的故事来体现创业艰难及成果丰硕，更能引起消费者的共鸣。也可以在电商品牌故事文案中描述一些普通人（如品牌推销员、研发人员）的故事，效果也很不错，因为这些人贴近消费者的生活，更容易获得消费者的认同感。反过来，如果是以企业或产品为主体，相对而言就不如人物故事那么容易打动消费者。

（3）以情感引发消费者的共鸣。品牌故事文案要想引起消费者的注意，触动他们的内心情感，给消费者留下深刻难忘的印象，故事就得有晓之以理、动之以情的情感内容。这些情感内容可能表现为一份执着坚持，一个超乎常人的举动，或者一个微不足道的细节。在创作品牌故事文案时，除了产品的功能之外，还要赋予其文化内涵，让产品有温度、有情怀，用生动、感人的故事情节打动消费者，引起消费者的情感共鸣。让消费者从内心感受到自己购买的不单单是一个产品，还是一份信任、一份情感。因此，品牌故事的文案需要走心，才能引起消费者的情感共鸣，从而更容易获得消费者的认可。

5.5.2 电商品牌故事文案写作的切入点

品牌故事是消费者与品牌之间的"情感"纽带，能够有效地感染到消费者，并激发消费者潜在的购买意识，使消费者愿意一直购买该品牌产品。任何品牌的诞生都有其独特之处，在写作品牌故事文案时，文案创作者要仔细挖掘品牌故事的切入点。

1. 品牌的历史

写作品牌故事文案时，如果面对的是一个老品牌则可以品牌悠久历史为切入点；如果面对的是一个新品牌，可以产品的历史为切入点。例如，某款茶饮料产品的品牌故事文案，就是以中国茶叶传播的历史为切入点进行创作的，如图 5-45 所示。

1610年中国茶叶乘着东印度公司的商船漂洋过海，饮茶之风迅速传遍欧洲大陆，因其来自神秘的东方，故被称为"神奇的东方树叶"

图5-45　某款茶饮料产品的品牌故事文案

2. 品牌的理念

品牌故事文案不仅要向消费者展示与众不同的品牌个性，还要向消费者传递不同的品牌理念。品牌理念向消费者明确地讲述了创造这个品牌的目的是什么，这个品牌具有哪些特质，与同行竞争者相比这个品牌具有哪些优势。

例如，棉麻女装领军品牌——茵曼，在进行品牌故事文案撰写时，就是以"源于自然，回归自然，生生不息"的品牌理念来讲述品牌故事的，故事给消费者留下了深刻印象，如图5-46所示。

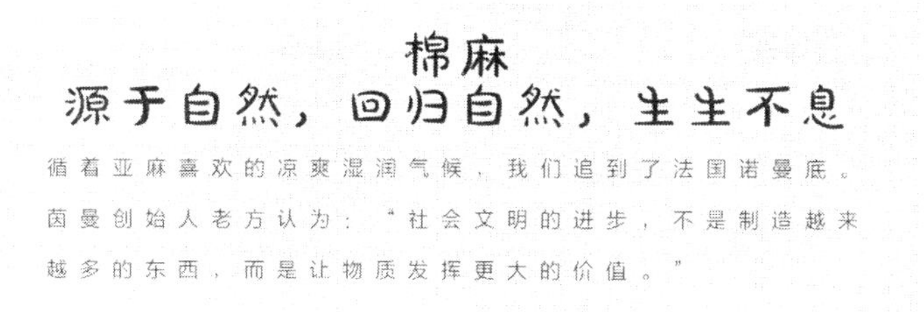

棉麻
源于自然，回归自然，生生不息

循着亚麻喜欢的凉爽湿润气候，我们追到了法国诺曼底。茵曼创始人老方认为："社会文明的进步，不是制造越来越多的东西，而是让物质发挥更大的价值。"

图5-46　某女装品牌的品牌故事文案

3. 创始人的创业故事

每一个品牌的创立，其创始人都经历过一个艰苦奋斗的过程。在创作品牌故事文案时，可以将创始人的创业经历写入品牌故事中，让消费者了解品牌创始人是怎么通过自己的努力，使自己创造的品牌和产品给消费者带来幸福和快乐的。

例如，一家专门销售野生蜂蜜的网店，推出文案展示店主的创业故事，如图5-47所示。这样的品牌故事文案设计，使每一位进入店铺的消费者都能在第一时间了解到店主那段非常执着和热爱蜂蜜的创业经历，进而对店主本人及其经营的店铺产生好感和信任。

图5-47 讲述店主创业故事的品牌故事文案

4. 品牌名称或者Logo符号

品牌名称或者Logo符号也可以作为品牌故事文案写作的切入点，一个好的品牌名称或者Logo，通常蕴含一个非常有意义的品牌故事。例如，我国著名的运动品牌李宁的Logo，如图5-48所示。

图5-48 李宁的Logo

李宁的Logo具有三层含义：第一层含义表现的是红旗的一角，代表国家荣誉；第二层含义是"LN"的变形，代表李宁这个人物；第三层含义体现了体操运动员李宁高超的体操技巧，像一只松鼠一样平稳地在树枝上穿梭，而且动作敏捷而迅速。

5. 当地文化

对于一些地域性较强的品牌来说，可以当地的风土人情、文化特征等为切入点来创作品牌故事文案。这样的品牌故事不仅会让本地人产生一种很强的认同感和共鸣，而且还会让外地人产生一种好奇感，认为这个品牌是有文化内涵的。例如，某豆瓣品牌的品牌故事文案就是以当地的饮食文化为切入点来进行创作的，如图5-49所示。

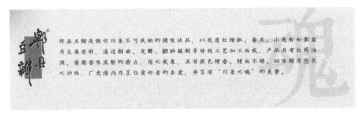

图5-49 某豆瓣品牌的品牌故事文案

5.5.3 电商品牌故事文案的写作技巧

创作品牌故事文案需要一定的技巧，只有运用好这些写作技巧才能更好地创作出消费者喜欢的品牌故事文案，才能有效地将品牌的文化和内涵传递给消费者。

1. 选择有意思的故事做素材

品牌故事文案是在向消费者讲述品牌的故事，既然是讲故事，那必然有好的素材。故事化沟通是传递信息的最佳方式之一，大多数人都喜欢听一些八卦、趣闻、有意思的故事。文案创作者如果选择有意思的故事作为品牌故事文案的素材，往往能获得更多消费者的喜爱和认可。例如，某牛肉食品品牌的品牌故事文案就是以三国时期蜀国名将张飞的传说故事为素材进行创作的，如图 5-50 所示。

图5-50　某牛肉食品品牌的品牌故事文案

2. 契合消费者心理需求

消费者的心理需求其实具有一定的共性和规律，大多数消费者都渴望关心、渴望内心的舒适，优秀的品牌故事文案要满足消费者的这些心理需求，才能有效激发消费者的兴趣，使其对品牌和产品产生深刻的印象。

例如，某食品品牌的品牌故事文案以文艺的笔触配上唯美的产品图片，很好地满足了消费者对食物和生活的美好期待，如图 5-51 所示。这一点刚好契合了消费者的心理需求，因此这个品牌宣传故事文案也就具备了相当强的感召力。

图5-51　契合消费者心理需求的品牌故事文案

3. 故事中表现的利益点要具有吸引力

品牌故事文案中一般都会表现品牌赋予消费者的某些利益点，只有将这些利益点描写得足够吸引人，才能有效发挥品牌故事的宣传效果。通常，可通过以下两种方式来发挥利益点的吸引力：一是直接告诉消费者品牌的功效和利益；二是通过故事间接地使消费者对品牌产生感情。

例如，某手工锅具品牌的故事文案，向消费者讲述了老手艺人对产品品质的追求，通过"以情动人"的方式来打动消费者，增强品牌故事的吸引力，使消费者能够更信任该品牌，如图5-52所示。

图5-52　某手工锅具品牌的品牌故事文案

5.6　高手秘籍

技巧1——主图文案的优化技巧

电商市场风云变幻，要想一张主图走到底几乎是不可能的，想要创作高点击率，主图文案就需要不断进行优化。这里介绍一些常用的主图文案的优化技巧。

- 研究竞争对手的产品，并提炼出不同的产品卖点。具体的操作方式是：通过关键词搜索产品，在搜索结果中将排名靠前的产品主图整理出来，然后仔细分析与自己产品有什么不同之处。
- 借鉴其他品类产品的主图文案，但需要注意产品及店铺客户定位人群与主图风格是否搭配。
- 使用直通车测图。在更换新的主图之后，要不断观察数据的变化情况，如果流量出现下降的情况，很有可能是新的主图没有得到消费者的认可；也可能是吸引的消费人群与之前人群差距较大，导致搜索权重降低，所以流量下降。如果流量持续不断下滑，就需要及时更换主图，避免损失扩大。

技巧2——详情页文案的排版技巧

一篇好的详情页文案，不仅取决于合理的结构布局和具有吸引力的文案内容，还取决于文案的排版。详情页文案的排版是非常讲究的，如果文案的排版不好，则可能会影

响到整个产品详情页面最终的呈现效果。下面就来看一看详情页文案的具体排版技巧。

（1）字体对比。在创作详情页文案时，使用不同的字体来创作文字内容，能给人耳目一新的感觉，有利于帮助消费者快速抓住文案中的重点信息，同时，也会使整个文案的视觉呈现效果更加生动。在创作文字内容时，通常选择 2～3 种字体即可，不建议使用太多种不同的字体，否则会使页面看上去十分杂乱。

（2）字体大小对比。在创作详情页文案时，选择不同的字号来设置文字字体，能够突出文案中的重点内容，有效地传达产品的重要信息。比如产品的核心卖点、重点功能等重要的信息可以使用大号字体表示，其他的文字则使用小号字体表示。在文案中恰到好处地使用字体大小对比的方法设置文字字体非常重要，能够帮助消费者一眼就捕捉到最重要的产品信息，如果设置的字体大小相差越大，对比就越明显，其效果也就越好。

（3）字体粗细对比。在创作详情页文案时，通过对文字进行加粗的方式，也可以有效突出文案中的重点文字，更好地吸引消费者的注意力。当然在设置文字字体时，有粗体字的设置也应该有细体字设置，这样才能够形成鲜明的对比。

（4）色彩对比。在创作详情页文案时，色彩对比是一种经常使用的文案排版方式。合理利用不同的颜色来创作文案内容，不仅可以凸显产品的核心卖点和重点功能，还能够使整个产品详情页面显得特别丰富多彩。但是文案创作者在使用色彩对比法创作详情页文案时，需要注意色彩的搭配，不能把页面弄得太过花哨，否则会影响到消费者的购物体验。

例如，某款键盘产品的详情页文案如图 5-53 所示。在该详情页中，标题采用的是醒目的加粗大字体并配以彩色的字体边框来表现，使消费者清楚地知道该详情页介绍的商品是一款机械键盘，同时，也从侧面表现了该商品的一个重要卖点——"30 种酷炫灯效"；商品的三个特点则使用的是相对较小一点的字体表示，以便与文案的标题形成对比；文案的底色选用的是黑色，一方面可以与字体颜色形成对比，另一方面也可以凸显商品的科技感。

图5-53　某款键盘产品的详情页文案

第6章

电商软文的写作技巧

本章导读 ◎

在电商营销的过程中，软文营销是一种十分重要的推广方式，它以一种"春风化雨，润物无声"的营销效果深受众多电商商家及消费者的青睐。现如今，无论是微博、微信还是论坛、贴吧，随处可见软文营销的身影。随着软文营销的商业价值不断被电商商家发掘出来，软文在电商文案中的地位和作用也越来越重要。本章将针对电商软文的特点、商业价值、写作要求、写作技巧及注意事项等内容进行详细讲解。

6.1 电商软文的特点

与硬广告相比，软文之所以叫作软文，全依赖于一个"软"字，它将文案内容与广告完美结合，使消费者在不受强制性广告宣传的情况下，也能接收到关键的营销信息。一般来说，电商软文主要具有语言网络化、内容多媒体化、传播速度快、分享性较强、接受度较高及营销成本低等特点，如图 6-1 所示。

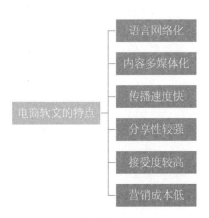

图6-1　电商软文的特点

1.语言网络化

在新媒体时代背景下，网络语言的使用频率很高，在软文文案中适当地运用一些网络语言，可以增强文案的新潮感和时尚感，有效吸引消费者，尤其是年轻消费者的关注。文案创作者在撰写软文文案时，要将网络语言与软文内容完美结合，以诙谐搞笑的方式将产品介绍给目标消费者，以此来提高软文的点击率。当下年轻人常用网络词汇有"硬核""锦鲤""盘他"等，不妨在文案中适度使用。

2.内容多媒体化

随着人们生活节奏的加快，以前以图文为主的传统电商推广方式已经不能满足消费者的需要。所以，现在大多数的电商软文除了运用图文结合的方式进行推广以外，还会在软文中加入音频、视频、动图、动画、投票等元素。这样做不仅可以生动形象地展示产品的功能与使用方法，还能节约消费者的阅读时间，大大提高消费者的购物体验。

3.传播速度快

在这个网络高度发达的社会里，网络传播的速度十分惊人。一篇好的软文能够快速地被转载成千上万次，像病毒一样在整个互联网中快速扩散开来。高效传播的软文不仅可以让商家在一夜之间粉丝数量增长数倍，还可以让商家销售的产品瞬间变成炙手可热的潮流商品。正因如此，越来越多的商家选择软文这种营销方式来推广自己的产品。

4.分享性较强

在移动互联网时代，信息的分享传播方式更加便捷和高效。如果消费者看到自己喜欢或有价值的软文，通常会第一时间通过各种社交工具进行分享转发，让更多的人看到软文的内容，这就客观上帮助了商家实现软文的二次或多次传播。

5. 接受度较高

软文的营销不像硬广告那样直接，具有很强的隐藏性，消费者在阅读软文后几乎感觉不到广告元素的存在，或者虽然感受到了但是并不产生抵触心理，因此，软文文案更容易被消费者所接受，其营销效果往往也比硬广告好。

6. 营销成本低

随着互联网营销成本的增加，无论是直通车和钻展的推广，还是百度的推广广告，商家所要投入的推广费用都在日趋上涨，且这些推广方式所能承载的信息量也十分有限，不能像软文一样传递丰富的产品、品牌信息。电商软文不仅推广费用低，而且所能承载的信息量也很大。一篇好的软文往往能够被人们在各种平台免费转载，其广告成本就会急剧下降，而且流量的精准度也会比较高。比如一篇费用在几千元左右的软文，如果能得到全网自发转载传播，其转载量上百万次，其营销效果可能与费用在数百万元左右的硬广告相同。因此，软文营销可以为商家节约大量的推广资金，有效降低网店的营销成本。

6.2 电商软文的商业价值

电商软文作为当下最受欢迎的营销推广方式之一，有着其他推广方式不具备的营销优势，其商业价值也逐渐凸显出来，并为大众所注意。电商软文的商业价值主要体现在以下几个方面。

1. 提升产品或品牌形象

由于电商软文的传播优势明显，不仅传播速度快，营销成本低，而且用户精准度还很高。因此，一些想要提高产品或品牌知名度的商家纷纷通过软文方式来宣传和推广自己的产品或品牌。一篇好的软文可以让读者在不知不觉中就对软文中描述的内容产生良好的印象，并自觉地在各大网络或社交平台上进行传播，从而大大地提升产品或品牌的形象。因此，第5章讲解过的电商品牌文案也可以归入电商软文的范畴。

2. 提高网店流量和销量

一篇高质量的电商软文，可以给消费者留下良好的印象，并且在互联网上快速传播，进而为网店带来惊人的流量和转换率。不仅如此，好的电商软文还能间接地带动网店相关产品的销售，从而提高网店的整体销售额。

3. 给消费者带去良好的阅读体验

一篇好的软文通常都具有专业性、趣味性、娱乐性，它能为消费者带去良好的阅读体验，使消费者在阅读软文时能够沉浸其中，自然而然、毫不反感地接受软文所传递的营销信息。

6.3　电商软文的撰写要求

电商软文以营销策略为基础，巧妙地将所推广的产品、服务或品牌形象等相关信息植入其中，从而创作出具有吸引力的文案内容。电商软文的撰写有一定原则和要求，下面就来看一看电商软文的具体撰写要求。

6.3.1　主题必须明确

在撰写电商软文时，主题必须要明确。只有主题明确，软文的创作才能有针对性和目标性，进而增强软文的感染力。软文的主题通常可以是产品、品牌、促销活动或者服务等。需要注意的是，一篇软文最好只选取一个主题，否则会大大降低软文的吸引力，不利于软文的推广。

一款砧板产品的推广软文就有非常明确的主题，即向消费者推荐一款干净卫生、环保材质制作的砧板产品，如图 6-2 所示。该软文首先通过警示性的标题来引起消费者的注意；然后在正文中分别对两款生活中常用材质的砧板进行了介绍和说明，以此来加深消费者对"传统砧板很不卫生"这个概念的印象；接着顺势推出了一款采用环保材质制作的砧板产品，并对该产品的优点进行了介绍，使消费者能够产生购买的欲望；最后给出产品的购买途径和价格，实现产品的销售转化。

6.3.2　定位必须精准

在撰写电商软文时，需要对某一类消费群体进行精准定位，根据这部分消费人群的消费行为、阅读习惯、兴趣爱好等有针对性地撰写软文。例如，某种高级食材可能具有营养丰富、味道鲜美、帮助消化、软化血管等功能，在为该食材撰写软文时，文案创作者不一定要对产品的每一种功能都详细介绍一番，而是要根据目标人群来进行精准定位，选择软文的切入点。如果食材定位于儿童市场，应该以营养丰富、帮助消化等功能为切入点；如果定位于老年市场，则应以帮助消化、软化血管等功能为切入点。

一篇针对年轻父母的产品推广软文"关心孩子饮食健康"为主题，分别从"宝宝多大可以吃鸡蛋""宝宝吃鸡蛋的注意事项""各种蛋类的营养比较""哪些情况下不宜吃鸡蛋"4个方面介绍了鸡蛋的营养知识，以此来吸引消费者的注意力，如图 6-3 所示。接着软文又介绍详细了给宝宝挑选好鸡蛋的方法和宝宝吃鸡蛋的食谱，进一步激发消费者对这篇软文的兴趣。最后该软文为消费者推荐了一款土鸡蛋产品并介绍了这款产品的特点，而这款鸡蛋产品恰好就符合前文中关于"好鸡蛋"的标准，进而促使消费者下单购买。

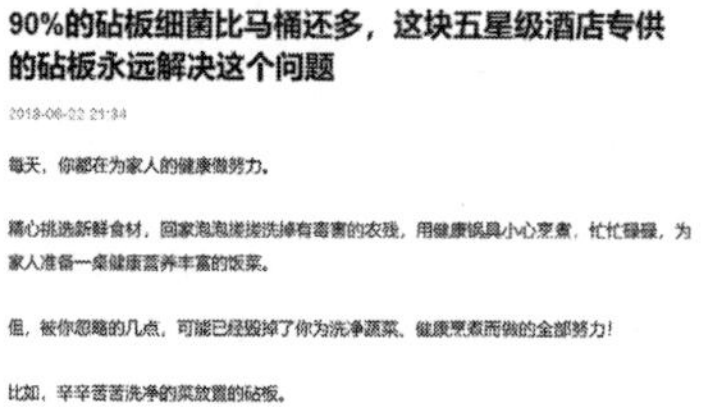

90%的砧板细菌比马桶还多，这块五星级酒店专供的砧板永远解决这个问题

2019-06-22 21:34

每天，你都在为家人的健康努力。

精心挑选新鲜食材，国家泡泡泡泡洗掉有毒害的衣物，用健康锅具小心烹煮，忙忙碌碌，为家人准备一桌健康营养丰富的饭菜。

但，被你忽略的几点，可能已经毁掉了你为洗净蔬菜、健康烹煮而做的全部努力！

比如，辛辛苦苦洗净的菜放置的砧板。

图6-2　主题明确的电商软文

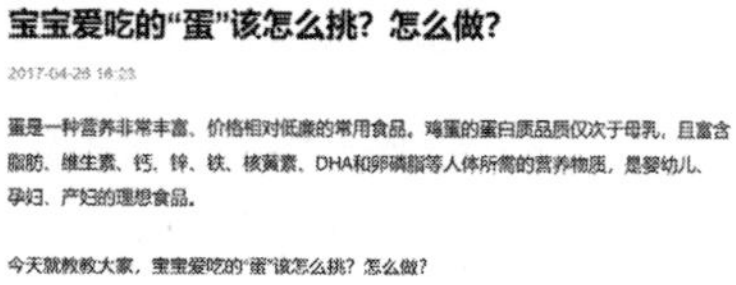

宝宝爱吃的"蛋"该怎么挑？怎么做？

2017-04-26 16:23

蛋是一种营养非常丰富、价格相对低廉的常用食品，鸡蛋的蛋白质质仅次于母乳，且富含脂肪、维生素、钙、锌、铁、核黄素、DHA和卵磷脂等人体所需的营养物质，是婴幼儿、孕妇、产妇的理想食品。

今天就教教大家，宝宝爱吃的"蛋"该怎么挑？怎么做？

图6-3　定位精准的电商软文

6.3.3　视角务必新颖

电商软文要想达到一个好的宣传效果，就需要做到视角新颖。要做到视角新颖可以从软文的构思、布局、写作角度及语言风格等方面入手进行创新。文案创作者在撰写电商软文时，要尽可能地开阔自己的视野，多角度、多领域地发挥想象，从而撰写出视角新颖的优秀软文。

一篇故事性非常强的茶叶产品推广软文曾经在网络上广为流传，如图6-4所示。通常商家推广茶叶产品都会直接去表现茶叶的产地、品种或者品质等内容，而但该软文却用一个煮茶叶蛋的故事来推广茶叶，使消费者对这个名称另类的茶叶产品产生了浓厚兴趣，进而激发他们购买的欲望。

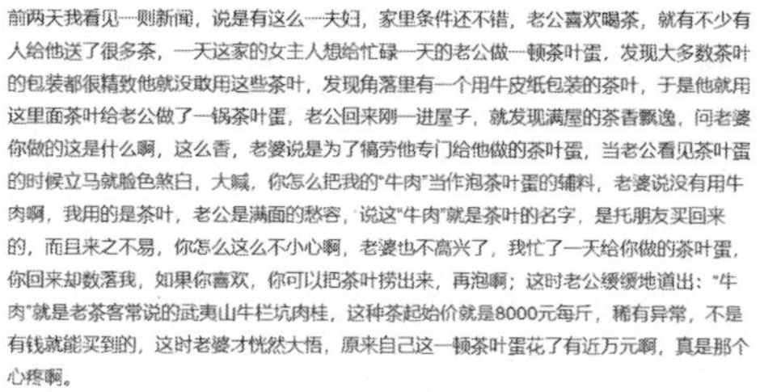

前两天我看见一则新闻，说是有这么一夫妇，家里条件还不错，老公喜欢喝茶，就有不少有人给他送了很多茶，一天这家的女主人想给忙碌一天的老公做一顿茶叶蛋，发现太多数茶叶的包装都很精致他就没舍得去散用这些茶叶，发现角落里有一个用牛皮纸包着的茶叶，于是他就用这里面茶叶给老公做了一锅茶叶蛋，老公回来刚一进屋子，就发现满屋的茶香飘荡，问老婆你做的这是什么，这么香，老婆说是为了犒劳他专门给他做的茶叶蛋，当老公看见茶叶蛋的时候立马就脸色煞白，大喊，你怎么把我的"牛肉"当作泡茶叶蛋的辅料，老婆说没有用牛肉啊，我用的是茶叶，老公满面的愁容，说这"牛肉"就是茶的名字，是托朋友买回来的，而且来之不易，你怎么这么不小心啊，老婆也不高兴了，我忙了一天给你做的茶叶蛋，如果你喜欢，你可以把茶叶捞出来，再泡啊；这时老公缓缓地说出，"牛肉"就是老茶客常说的武夷山牛栏坑肉桂，这种茶起始价就是8000元每斤，稀有异常，不是有钱就能买到的，这时老婆才恍然大悟，原来自己一锅茶叶蛋花了有近万元啊，真是那个心疼啊。

图6-4　故事性较强的电商软文

6.3.4　表达生动有趣

电商软文必须要生动有趣、好玩，具有一定的话题性，这样才能激起消费者的兴趣，得到广泛的传播。有些产品自身就带有一定的话题性，所以在撰写软文时比较容易找到切入点，比如食品酒水类的产品；但有些产品相对比较客观、严谨、古板，比如科技类、财经类的产品，这时就需要文案创作者通过自己的创意构思来增添软文的趣味性。

例如，广发银行在其微信公众号上发布了一篇旅游活动的推广软文，如图6-5所示。该软文的开头由一篇小学生的作文引入，这篇作文中讲述了这位小学生暑假和爸爸妈妈去香港旅行的经历，还专门提到了他和爸爸是免费旅行的。接着围绕"香港免费旅游"这个话题，该软文顺势抛出了自己的核心内容，即广发银行推出的"游享礼"香港游活动开始报名了，使这篇软文既显得生动有趣，又达到了预期的宣传效果。

图6-5 生动有趣的电商软文

 6.4 电商软文的写作技巧

电商软文的写作和其他电商文案的写作一样，需要切中消费者的需求，高效地将信息传递给消费者。为了更好地打动消费者，文案创作者需要掌握一些电商软文的写作技巧。

6.4.1 触及消费者痛点

一篇优秀的电商软文要能够及时抓住消费者的痛点并且加以解决，从而吸引消费者购买。文案创作者可以从以下5个方面入手来寻找消费者的痛点并撰写出打动人心的电商软文。

1. 安全感

每个人都渴望安全感，因为安全感能让人放心、舒心、安心。要想使消费者在软文中获得安全感，撰写软文时可以将产品的质量与消费者考虑的安全性相结合，以此来增加消费者对产品的信任度。

例如，销售一款插座产品，从安全角度来看，消费者最大的痛点莫过于担心插座产品出现漏电的情况。这时文案创作者就可以从产品的角度，列举一些劣质产品的事件作为对比，或者将无盖插座与更安全的有盖插座进行对比，然后再重点介绍一下自己产品在安全性上所具备的优势，从根本上解决消费者担心的问题，以此来增加消费者对产品的信任。

2. 归属感

归属感就是要针对消费者的具体定位来进行软文写作。比如时尚年轻人喜欢比较时尚、流行的东西；成功人士喜欢比较沉稳、大方的东西；文艺范儿的人比较喜欢清新、自然的东西。

要想使消费者在软文中获得归属感，关键是要将产品和消费者所推崇的感觉结合起来，从而达到打动消费者的目的。例如，一家销售西装产品的网店，在撰写软文时如果能在软文中加入"职场精英的西装首选""这是一款精致的西装，出自名师之手，更是成功人士的象征"等描述，定能够给予消费者充分的归属感，让他们找到与自己身份相符的产品，从而激发他们的购买欲望。

3. 价值感

得到别人的认可会使一个人发自内心地感到高兴，并获得一种实现自我价值的满足感。在撰写电商软文时，如果能抓住消费者渴望获得价值认可的痛点，将产品与个人价值感结合起来，从消费者的价值体现上去打动他们，不仅可以让消费者得到认可，还能激发他们购买产品的决心。比如，一篇烤肉机产品的推广软文中这样写道："当丈夫和三五好友来家里的时候，为他们做出和餐厅一样的烤肉来，你不仅是一个合格的妻子，更是个有手段的家庭主妇！"这样的描述会使消费者作为家庭主妇的价值感油然而生，从而激发她们的购买意愿。

4. 责任感

每个人在社会中都扮演着不同的角色，而这些角色也赋予了大家相应的责任。比如，父母拥有养育子女的责任，而子女也拥有孝敬父母的责任；学生拥有学习的责任，而老师则拥有教书育人的责任。

责任是每个人心中的一块石头，也是大多数消费者心中的痛点。因此，电商软文想要打动消费者，可以从责任入手，帮助消费者减轻责任压力，或者激发消费者的责任感。例如，一篇推广学习用品的软文中这样写道："让子女拥有充足的学习动力，这是作为家长的责任。"这句话很好地激发了家长的责任感，促使家长们心甘情愿地去购买软文中推荐的这款学习用品。

5. 恐惧感

人们总是在担心着各种各样的事，这种担心会使人在心理上产生一种恐惧感，从而激发消费者的购买欲望。例如，一款教育产品的软文中这样写道："不要让您的孩子输在起跑线上。"当身为家长的消费者看到这句话后，难免会产生一种恐惧感，担心自己的孩子输给其他的孩子，为了不让自己担心的事情变为现实，消费者自然会对软文中推荐的教育产品产生购买的欲望。

6.4.2 寻找不同角度撰写软文内容

不同的撰写角度，往往会使软文产生不一样的传播效果。电商软文的写作切入角度有很多，比如产品的角度、品牌的角度、消费者的角度及第三者的角度等。电商品牌在进行软文营销时，可以从不同的角度进行撰写，以达到吸引消费者注意、宣传推广品牌、促成销售的目的。

图6-6 从产品的角度撰写的软文

例如，华为在微博上发布的一条产品推广软文就是从产品的角度来进行撰写的，该软文很好地表现出了产品优良的质量，如图 6-6 所示。

6.4.3 动之以情

在众多电商软文的类型中，情感式电商软文最容易打动人心，使消费者产生共鸣。当软文中描述的情感与消费者的情感相契合时，就会使消费者产生一种感同身受的感觉，进而对该软文产生高度的认同感。因此，文案创作者在撰写电商软文时不仅应该晓之以理，还应该动之以情，抓住消费者情感上的弱点，激发他们的购买欲望。

例如，某电商平台的微信公众号中有一篇名为"一只猫咪的碎碎念,治愈我一整年"的软文，如图6-7所示。由于该软文推荐的是一本名为"365日：有猫更幸福"的图书，因此作者在撰写文案时，充分利用主人与猫咪之间的情感进行重点刻画，让不少喜欢猫咪的消费者产生情感共鸣，因而纷纷解囊购买本图书。

图6-7 利用情感诉求打动消费者的软文

6.4.4 语言通俗接地气

软文一定要便于消费者阅读和理解，因此软文在语言表达上要做到通俗易懂、接地气。电商软文的受众多是普通的消费者，软文中如使用了华丽的辞藻或者过于深奥的语句，对他们来说并不友好，因此使用消费者熟悉的生活化的语句来撰写软文，是非常有必要的。

例如，德芙巧克力在微淘中发布的一篇产品推广软文，写作语言就十分通俗接地气，使消费者感觉既亲切又幽默，如图 6-8 所示。

6.5 电商软文写作的注意事项

掌握了电商软文的写作要求和技巧，并不意味着创作出来的软文就一定能获得消费者的青睐。在电商软文的创作过程中会有很多"雷区"，为了不影响软文的推广效果，文案创作者在写作时要注意规避这些"雷区"。

图6-8 语言通俗接地气的软文

1. 内容务必要真实

电商软文不仅要具有可读性，还要具有真实性，特别是对产品或服务的描述部分，必须实事求是，不能出现虚假宣传的情况；否则消费者就会对软文中推广的产品或品牌产生怀疑，从而失去信任。

另外，软文中最好不要直接出现广告信息，以免消费者产生反感情绪。

2. 发布时间要掐好

电商软文的发布时间同样会影响软文的传播效果，因为电商软文通常具有一定的时效性，特别是以新闻形式发布的电商软文更要注意。不同的发布时间会对电商软文的到达率、阅读率和转化率产生不同程度的影响，因此发布软文时要尽量选择消费者关注度高的时段进行发布，比如每天的上下班高峰、午休和晚上等消费者可以利用的休闲时间。

3. 注意规避法律风险与道德风险

在进行电商软文营销的过程中，一定要注意把握好度。软文中不能出现违反国家和行业相关法律规定的内容，也不能出现违背社会主流价值观的相关内容，否则必将对该电商品牌造成不可估量的损失。另外，在撰写电商软文时，还需要注意千万不能出现侵犯版权、肖像权和名誉权等问题。

6.6 高手秘籍

技巧 1——提升电商软文传播性的两个技巧

如果一篇电商软文具有良好的传播性，就会被消费者自动转发给他人，因此一篇具有良好传播性的软文通常具有很高的商业价值。那么，如何提升电商软文传播性呢？

（1）争议性。俗话说："一千个读者就有一千个哈姆雷特。"每个人的观点和想法都有所不同，如果能够利用事情的不同面来写作软文，就可以收到消费者的不同意见和观点。这种写法一定要注意的是，文章的争议性一定要强，并且最好是正反双方势均力敌，这样才能通过双方的不同观点和评论来增加文章的传播性。例如，某矿泉水品牌曾以纯净水与天然水之间的争论为切入点创作过一篇软文，在消费者之间引起了强烈的反响，并迅速传播开来。

（2）新闻热点。一般来说，新闻热点是人们都比较关注的事情，如果文案创作者能够抓住当前的新闻或热点来撰写软文，软文的关注度肯定也会较高，如图 6-9 所示。因此，文案创作者应该时

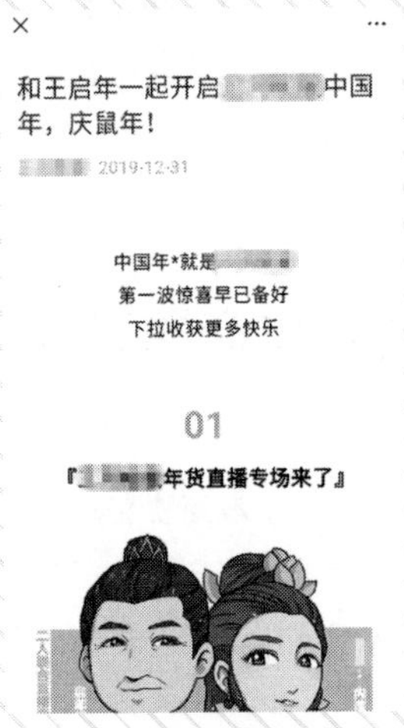

图6-9　借势热点话题撰写的软文

刻关注新闻热点事件，及时、快速地掌握当下的各种热点信息，并能巧妙地将热点信息与营销对象结合起来，撰写成文。例如，某食品品牌借势热播影视作品《庆余年》中的某一角色进行软文撰写，以增加读者对该软文的关注度。

技巧2——利用具体的数据增强电商软文的说服力

互联网大数据的应用，使得信息与数据越来越透明化、公开化。在电商软文中采用具体的数据信息，往往能有效提高软文的说服力，促使消费者做出有利于产品销售的行为。

假设，在一篇羊毛衫产品的推广软文中对羊毛的含量进行描述，有以下两种表述方法。

- 该羊毛衫的羊毛含量较高，纯度也较高。
- 该羊毛衫由我们精心甄选的山羊毛织就，保暖柔软，羊毛含量高达100%。

显然，第二种表述方法更能体现产品的特点，也更容易令消费者信服。

如果文章中需要表述具体的时间，也可以利用数字来表现。假设，要撰写一篇宣传店铺促销活动的软文，针对活动时间有以下两种表述方法。

- 本次活动一直持续到月底结束。
- 感谢大家的积极参与，本次活动将于本月28日结束。

这里显然也是第二种表述方法更好，因为它更具体化。

除了利用具体的数据来增强电商软文的说服力以外，文案创作者在撰写软文时也可以利用第三方的观点来侧面论证自己提出的观点。如果第三方比较有知名度或能够在网络上检索到，则一定要清楚地表述第三方的身份，这样也能够增加软文的可信度，使消费者更加信服。

第7章

不同平台推文的写作方法与技巧

本章导读

　　商家可以在多个平台展开营销推广工作。但由于各个平台的属性不同，所需的推广文案也略有不同。本章主要从微信、微博、直播、短视频等热门平台出发，讲解各个平台文案特点及写作方法，旨在帮助各位商家快速掌握不同平台的文案写作方法。

7.1 微信案例

微信是目前较为热门的即时通信及社交平台。根据腾讯相关数据，2019 年第一季度，微信月活跃账户数达 11.12 亿，成为社交平台中用户数量最大的平台。也正是伴随着数以亿计的用户，微信成为商家营销推广的优质平台。这里从认识微信推广特点开始，剖析微信文案的写作方法。

7.1.1 微信推广的特点

微信是一款常见的社交平台，很多个人、商家、政府单位都纷纷在微信开通账号。微信推广常见于朋友圈、公众号和微信群。微信营销不仅可以降低营销成本，还能让消费者更深入地了解产品和服务。如图 7-1 所示，微信推广的优势主要体现在营销成本、运营环境、传播效果和转化率等 4 个方面。

图7-1　微信推文的优势

1. 营销成本低

在微信上推广信息，所需成本较低。例如，商家可以通过微信公众号，对所有关注账号的用户群发一次性消息，相当于过去的手机短信（邮件）群发功能。这样可以节省群发信息费用。假如商家群发的短信是 1 分钱 1 条，1 万条也是 100 元人民币。如果商家把每年用于短信推广的内容，通过公众号发送给消费者，可以节省一大笔短信费用。

对于电商商家而言，可以通过公众号推文、朋友圈推文，将诸如活动、上新等信息推送给消费者。同时，微信公众号的营销成本低，还体现在以下几个方面。

- 微信软件本身免费，可以免费使用微信常用功能。每个商家都可以打造专属于自己的微信公众号，实现与特定群体的文字、图片、语音的全方位沟通、互动。
- 微信公众平台的粉丝处于不公开状态，粉丝在关注公众号时并不会因为该账号粉丝数量少而取消关注。因此，公众号运营不用花钱购买"僵尸粉"。
- 公众号内容的好坏取决于自身内容及排版效果。因此，也不必和互联网店一样购买装修模板等。

由于营销成本低，传播基本免费，电商商家应适度提高推文的创作与发布的频率，在不令消费者反感的前提下，尽量推送更多营销内容，以达到更好的营销效果

2. 运营环境公平

之所以说微信运营环境很公平，是因为微信管理十分严格。例如，在很多平台上，不乏相似度极高的大小号，粉丝们如果不仔细区分，很难分辨大号与高仿号。但微信平台上的《微信公众平台服务协议》规定："仿冒、混淆他人账号昵称、头像、功能介绍或发布内容等，或冒充、利用他人名义的；如果腾讯发现或收到他人投诉用户违反本协议约定的，腾讯有权不经通知随时对相关内容进行删除、屏蔽，并视行为情节对违规账号处以包括但不限于警告、

删除部分或全部关注用户、限制或禁止使用部分或全部功能、账号封禁直至注销的处罚，并公告处理结果。"这就为营造公平的竞争环境打下了良好的基础。

2016年的7月，粉丝数达300万的公众号"读悦文摘"因"涉嫌侵犯他人合法权益"被注销。原来，"读悦文摘"的头像与《读者》杂志官方公众号的头像存在一定的相似性，且在"读悦文摘"的关注自动回复中，声称是《读者文摘》微信版；文末二维码所写名称也是"读者文摘"。这不仅是头像侵权，还有冒充他人的嫌疑。从国家商标总局商标局的官网上可以查到，《读者》杂志社和读者出版传媒股份有限公司拥有"读者"二字的图片商标所有权，因此，"读悦文摘"的公众号被微信平台强行注销了。

对于广大运营者来说，这个举措无疑敲响了规范运营的警钟。由此可见，微信平台对公平性维护还是比较严格的，一旦处罚变成事实，几乎没有挽回的余地。因此，运营者应提高警惕，不要放任推文创作人员打擦边球甚至抄袭，以免造成不可收拾的恶果。

3. 传播效果好

微信作为一款即时通信软件，为商家和消费者提供了一个很好的沟通交流机会。无论是公众号推文还是朋友圈推广，消费者都可以对内容进行评论、点赞。商家在看到消费者的提问后，可迅速给出回复。

当消费者看到一篇自己感兴趣的推文时，可以主动将其分享至朋友圈和微信群，使得推文获得多次传播，推文中如带有营销信息，那么该推文的营销效果就被急剧的放大了。因此，推文一定要想方设法打动消费者，使消费者能够自发传播，这样才能达到更好的营销效果。

4. 转化率高

和简单直接的硬广告不同，微信推广一般是软推广。硬广告指的是直接介绍产品、服务内容的传统形式广告，如报纸杂志、电视广播等广告；软广告则是指将产品信息融入媒介中，从而达到广告的效果。

很多消费者排斥商家的硬性广告，但对软广告的接受度则相对较高。因此微信文案一般都会走软广告路线，通过图文并茂的文案、诙谐幽默的文笔及引人入胜的情节，让消费者接受软文，从而接受其中的广告信息，使更多消费者产生购物行为，这就提升了消费者的转化率。

7.1.2　微信平台文案的写作方法

由于微信平台的推广主要集中在公众号和朋友圈，所以这里以这两处的文案为例进行讲解。

1. 微信公众号文案

由于微信是一个较为私密的圈子，其内容主要在圈内传播。而且微信公众号又分为服务号和订阅号等。在正常情况下，服务号一个月最多推送4次文案，而订阅号可每天推送一次。正是因为有推送次数限制，所以微信尤为注重消费者的黏度和活跃度，在文案方面也更在意消费者的喜好。

在撰写公众号文案前，应注意战略布局。商家需先勾勒产品或品牌的目标人群画像，并分析他们的需求，之后再根据需求去确定文案的切入点，让粉丝喜欢文案内容。某服装类目产品的人群画像如图 7-2 所示。

图7-2　某服装类目产品的人群画像

针对以上画像，内容素材可参考如下。

- **从流行元素入手**。提及当季明星款、流行色、时装周，这些都是影响购买选择性的因素。
- **从身材入手**。给出穿搭建议。如高矮胖瘦的人，应该如何穿搭，才能扬长避短。
- **从场景入手**。给出穿搭建议。如晚会、年会、出游、上班、约会等场合，应如何穿搭。
- **从季节入手**。给出穿搭指导。如早春、初春、初夏、深秋、深冬等季节应如何穿搭，拒绝乱穿衣。
- **从互动角度出发**。如向粉丝发出咨询，某某衣服如何搭配更合适。既能与粉丝互动，又能加大产品的曝光量。

在撰写文案时，可根据粉丝爱好将近期热门综艺明星的穿衣搭配截图，并稍作编辑；配以文字解析今年流行某款衣服，用当季最热明星穿搭来吸引粉丝。这样既可以加入明星元素，提升阅读量，又可以通过评论高端服装，提升公众号的品位。

综艺明星每期都在变更，季节和场景也很多，素材内容可以说是源源不断的。商家在写文案时，应万变不离其宗，将信息和产品结合起来。内容上，选择原创最佳，尤其是特卖、上新、爆款等文案，必须原创。

当然，商家也应在文案中适当加入与自身相关的信息，可包括产品信息、活动信息、品牌信息及新闻动态等，如图 7-3 所示。

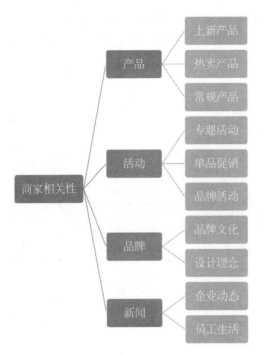

图7-3 商家相关的信息

提示 在撰写产品文案时，选品很关键、配图要丰富、多展现细节，体现出产品的功能和优点。在撰写关于活动的文案时，要准确表述活动时间、活动利益点，语言尽量网络化。

2. 微信朋友圈文案

很多通过微信平台引导成交的产品，都是建立在朋友圈营销的基础上。而朋友圈营销，必定离不开文案，好的文案能激发消费者的兴趣。如某商家用"春天""馈赠""艾草糯米饼""多功能锅"等文字，组合成一条软性推广某多功能锅的文案打动消费者，如图 7-4 所示。另一商家直接在文案中标明产品的价格、重量、发货时间等信息，以其实惠的特性吸引消费者下单，如图 7-5 所示。

提示 由于朋友圈没有次数限制，也没有字数要求，所以文案可以灵活一些。例如，在写一个新品朋友圈文案时，前半段描述产品的卖点，后半段描述产品的尺码、颜色等参数。朋友圈文案尽量原创、言简意赅。

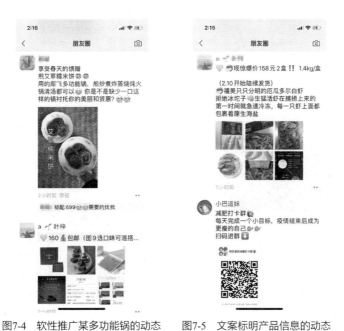

图7-4　软性推广某多功能锅的动态　　图7-5　文案标明产品信息的动态

7.1.3　微信平台文案案例赏析

　　"冷笑话精选"是微信平台上较火的冷笑话公众号，每天放送热门经典有趣的冷笑话、冷漫画、冷视频，阅读量经常"10万＋"。下面来赏析冷笑话精选一篇名为"看女明星们的冻龄绝招，还没开始学我就想放弃了……"的文案。

　　从标题来看，前半句应用"女明星""冻龄绝招"等吸引女性消费者的关键词；加上后半句"还没开始学我就想放弃了……"，勾起消费者的好奇心。让人不禁发出联想：究竟是什么绝招，让人还没开始学就想放弃，从而产生点击欲望。

　　1. 冻龄绝招居然是不吃糖

　　首先用娱乐圈某女明星10年前后对比照，引出女星十年如一日的漂亮。并列举几位知名明星自爆10年不吃糖。再抛出问题"难道只有不吃糖，才能保持18岁的白嫩透亮肌肤"？引导粉丝继续阅读下文。

　　2. 多吃糖真的会变丑

　　既然上文抛出问题，下文一定要给出解答。该篇文案接下来就举证说明多吃糖真的会变丑。文案以图文结合的方式引用某纪录片和某博主案例，举例论证自己的观点。表达了体内含糖低的人，肌肤更白更紧致，如图 7-6 所示。之后又用模拟胶原蛋白被糖化过程的图文，详细说明多吃糖对皮肤真的不好，如图 7-7 所示。

　　作者在后续文章中提道：如果脸上出现肤色暗黄、容易长痘、松弛有细纹等问题，可能脸已经糖化了。而且，美白产品、抗衰产品都解决不了糖化脸，只有真抗糖化产品，才能阻止糖化脸的发展。

图7-6　举例论证观点

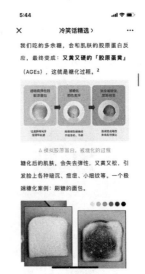

图7-7　模拟胶原蛋白被糖化的过程

3.引出推广产品

　　既然提出了糖化脸问题，接下来就应该提出解决方案。作者在文章中提到某款明星同款产品，并指出该款产品不仅价格贵，而且体质不好的消费者服用后影响内分泌，得不偿失，如图7-8所示。文章紧接着推出今天分享的某明星同款抗糖化护肤品，并讲解了该产品的成分及工作原理，有理有据，令人更加信服，如图7-9所示。

图7-8　提到某性价比不高的明星同款产品

图7-9　展示要推广的护肤品的优点

4.举证证明产品好

　　作者在接下来的文章中，分别展示了产品试用前后对比图（见图7-10），以及产品销量和明星种草（见图 7-11），以此证明产品效果好、销量佳，为产品的转化打下坚实基础。

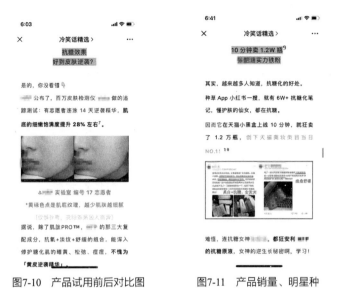

图7-10　产品试用前后对比图　　　　图7-11　产品销量、明星种

5. 用活动提高转化率

为进一步促进粉丝转化，作者在文末推出福利活动。通过对比该产品的日常价、官方新品预售满减后实价及小程序抢购价，证实该篇推文中提及的小程序抢购价最划算。考虑到消费者可能会因为一次性购买 2 瓶而犹豫，文案先提出"囤一支给自己，囤一支送妈妈、闺蜜"，解决了消费者的疑虑，如图 7-12 所示。

为吸引更多粉丝参与到分享、评论、点赞等互动中，作者还设置了一个小型活动，即抽出 3 位留言的粉丝，赠送一个大礼包作为奖品，如图 7-13 所示。

图7-12　对比该产品的不同渠道价格　　　　图7-13　举办抽奖活动

这是一篇阅读量超过10万的公众号文案，作者通过以上几点，渐渐地让消费者留意产品、关注产品、购买产品。也印证了微信营销注重消费者的黏度和活跃度，循序渐进地推广产品。

7.2 微博案例

微博是一种"迷你"型日志，微博用户可通过文字、图片、视频等多媒体形式，实现信息的即时分享、互动传播。目前较为火热的微博平台包括新浪微博、腾讯微博等。根据有关数据，2019年9月的新浪微博月活跃用户数为4.97亿，9月平均日活跃用户数为2.16亿。由此可见，微博也聚集着众多用户，商家可以通过新浪微博来推产品。

微博文案指的是发布在微博平台上的文案信息。一篇好的文案，可以迅速引起消费者的兴趣，获得更多关注和流量。

7.2.1 微博文案的特点

与微信一对多的定向传播方式相比，微博更倾向开放式的裂变话题传播。而且，微博平台对发布文章数量和时间没有明确规定，所以微博内容传播速度往往比微信快。微博主要通过@用户、转发信息及私信用户等方式进行互动，更注重话题的传播速度及覆盖范围。因此，微博文案有着短小精悍、主题明确、带话题标签、引发互动等特点，如图7-14所示。

图7-14　微博文案特点

1. 短小精悍

与微信公众号文案不同，微博文案有着短小精悍的特点。在撰写微博文案时，字数不超过140字，以100～120字为佳，文案内容要通俗易懂，使消费者快速理解文案的意思，从而引发消费者的思考和传播。

2. 主题明确

由于微博文案应短小精悍，这也决定了商家必须在简短的文字中表明主题。所以，商家在撰写文案之前须做好定位，包括该条文案的目标群体及想达到什么目的等。

如图7-15所示，为某电子产品商家发布的微博内容。从发布的内容中，可以解读出商家该条微博的主题是吸引更多用户去某平台观看新品发布直播。

为起到更好的宣传作用，商家在文案中提到"【看直播，每小时送出1台××10】"及"【转发＋评论，抽送一台 ××10】"福利。该条微博截至 2 月 13 日 12∶00，已有 1.4 万条评论，2.4 万次转发。同一时间，根据提示进入该直播间，现场人气为 234.6 万，粉丝为 228.7 万，可见，这种直奔主题的微博具有很好的传播性，对于举办活动有较大的推动作用。

3. 带话题标签

话题指谈论的主题，微博中常用标签来标注一条微博的话题。比如在发表一条关于电子产品的微博时，可以在微博文案中带上话题标签。当其他人搜索该话题标签时，带有相应话题标签的微博会被集中起来呈现给用户。如"小米 10 来了"的话题标签阅读量超过 2 亿，评论数量超过 18.7 万。微博用户发布带有该话题标签的内容，在该话题下得以展现，如图 7-16所示。

图7-15 主题明确的微博内容　　　　　图7-16 "小米10来了"话题标签

商家平时可以在文案中添加消费者关注的话题或热门话题。即使没有话题标签，也要创造话题或设计场景让消费者参与进来。例如，一家做婚纱影楼的商家，产品主要包括艺术照、婚纱照和亲子照。经分析得出，该商家的目标人群分布如下。

- 艺术照的目标群体以年龄在 22 ～ 26 岁，爱时尚的女性为主。这类人群常看的话题标签可能包括音乐、旅游、购物等。
- 婚纱照的目标群体毫无疑问是婚龄女性。这类人群可能会在微博上谈论结婚、婚房、新房、蜜月等话题。
- 亲子照的目标人群主要以辣妈或准妈妈为主。这类人群常关注的话题标签可能是育儿、安胎、时尚、居家等。

商家在撰写文案时，可以加入上面提及的话题标签，增加文案曝光率。当然，商家也可以找一些热门话题与文案相结合。微博实时更新热门话题榜，商家可以选择和自己产品相关的热门话题。如影楼商家可参考"时尚美妆"分类下的热门话题，如图 7-17 所示。

图7-17 "时尚美妆"分类下的热门话题

4. 引发互动

只有掌握了读者的心理，创作出对读者胃口的文案内容，才能引起读者共鸣，进而引发转发、分享等行为。一个长篇情感文的文案，用简短的一句"曾经最爱你的人总要娶别人"，引发读者的情感共鸣与高度互动，如图7-18所示。该条微博截至2020年2月13日，共有8.8万次转发、10.3万条评论及21.9万个赞。在该条微博内容的评论页，很多粉丝表示多次阅读该微博内容，写下不同时间的留言，还主动@好友进行扩散传播，如图7-19所示。

图7-18 长篇情感文的文案

图7-19 微博内容的评论页

部分商家，就是用互动的方式来留住粉丝。小米手机在微博发出产品功能需求文案，提示粉丝可以在指定微博下留言，就是一个典型的例子，如图7-20所示。之后粉丝们在评论区各抒己见，如图7-21所示。这样的互动不仅让粉丝有参与感，还让小米收集了很多粉丝的意见，并根据这些意见不断迭代完善产品，这样不仅粉丝满意，销量也进一步提高了。

图7-20　产品功能需求文案

图7-21　粉丝们在评论区各抒己见

综上所述，微博文案一般用简短的语言和合适的标签引发粉丝的互动，达到增加品牌知名度、提高产品销量等目的。

7.2.2　微博平台文案的写作方法

微博推广有着受众人群准、转化率高、成本低等优点。在写微博文案时，要力争用简洁文字，吸引用户的关注及互动。在撰写微博平台文案时，应注意如图 7-22 所示的写作要点。

1. 标题鲜明

一个好的标题要能让用户快速了解文案主题。标题过长，难免有冗长之感，读者也很难产生阅读兴趣。特别是在微博文案中，标题也要占用字数（总字数不能超过 140 字），因此标题更应简洁鲜明，适当使用数字、符号，可增强标题的说服力。在拟定微博标题时，可加入适当的标点符号，使标题更具吸引力。

一篇美食类微博文案就用符号"【　】"把标题"手把手教你做电饭煲蜜汁鸡"框起来，增强视觉效果，让人一看就知道这是一条用电饭锅做蜜汁鸡的微博，如图 7-23 所示。

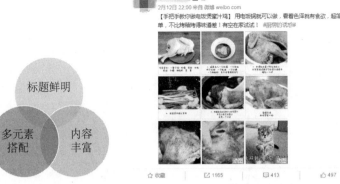

图7-22　微博文案的写作要点　　　　　图7-23　一篇美食类微博文案

常用于微博标题的符号还包括"##""@""（）"等，主要起着强调作用，突出微博文案主题。

2.内容丰富

想通过策划微博文案吸引更多粉丝关注、分享，其内容必须丰富，同时也能让消费者更加了解商家品牌和产品。在文案内容中展示产品时，要把产品跟实际的使用场景结合起来，让消费者在脑海形成画面，消费者才能更直观地感受和理解产品。

某运动品牌商家的微博文案就善于构建产品的使用场景。如在该品牌的一则文案中，先欢迎了某明星成为品牌代言人，再提及某鞋子已经登录官方商城，并给出"居家不忘锻炼，让我们一起，等春天来"的运动场景，如图 7-24 所示。通过运动这个画面，让读者代入场景并产生购买欲。这就是为消费者构建场景的作用。

在撰写故事类的微博时，应注意可读性和真实性，最好用第一人称的角度去叙述，才更具吸引力。不同商家有不同的文案风格，总体来说，只要掌握读者的风格并加以应用，就能达到不错的效果。

3.多元素搭配

在微博的功能中，有文字、图片、视频、音频、链接等元素。商家在撰写文案时，可以将这些元素利用起来，增加文案信息传播的趣味性和表现力。

- **文字**：作为最常见的营销元素，在微博中是表达信息的主力军。中国文字博大精深，想要引人注目，还需要商家不断创新。

- **图片**：图片是一种最直接的营销方式。好的图片能直击人心，无须过多的语言描述。因此，可选择图片做主打内容，再加以简洁的文字，吸引粉丝的点击和关注。

- **视频**：经相关数据分析，相比文字内容，网友们对图片、视频内容更感兴趣。根据这一特点，商家可在微博中推送短视频，吸引粉丝们的关注。短视频的内容可结合当前的热点，如聘请热门电视、电影中出现的男女主角当代言人拍摄视频，就会在粉丝中刮起一阵热风，起到较好的推广效果。

- **链接**：当文案提及活动或产品时，加入相关链接能使粉丝迅速跳转至相关页面。

例如，某美妆产品微博文案就以"文字＋视频"的组合形式，巧妙地展现了产品和代言人信息。该条微博文案截至 2020 年 2 月 14 日 11：00，共有 4 万多次转发，1 万多条评论及 4 万多个赞，如图 7-25 所示。

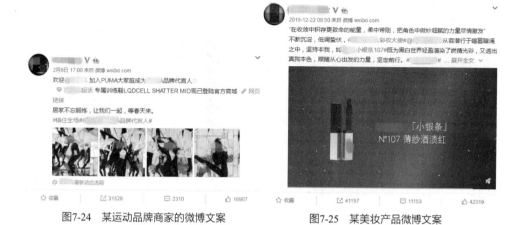

图7-24　某运动品牌商家的微博文案　　　　图7-25　某美妆产品微博文案

商家应结合产品特点，利用好各种元素的优点，使营销方式更具吸引力。例如，"文字＋图片""文字＋视频""文字＋链接＋图片"等。

7.2.3　微博平台文案案例赏析

雷军，小米公司创始人，在小米公司的第 9 年，他通过微博分享了一组名为"2020 探索不可能"的明信片，如图 7-26 所示。这组明信片表达了小米能走到现在，离不开小米每位员工的努力及用心的主题。文案还提到每到年底，小米员工都会为粉丝手写 10 万张明信片。

图7-26　名为"2020探索不可能"的明信片文案

文案中展现的 6 张明信片文字内容分别如下。

- MIX Alpha 环绕屏。探索未来边界，最重要的是保持勇气 以及，身边有你。
- 进入世界 500 强。最年轻世界 500 强，用实力创造奇迹 只为，与你分享。
- 小米科技园落成。北漂九年，拥有一个家 还有，千万个你。
- 首发一亿像素相机。一亿像素，开启影像新篇章 为你，颠覆视界。
- AIoT 赋能智能。生活智能生活的快乐，不限量发放 请你，保持想象。
- Redmi 品牌升级。新的探索，是为了不顾一切的热爱 出发，一起冒险。

在每个文字案例中，都与"你"有关，如"以及，身边有你""只为，与你分享"等，这拉近了与粉丝的距离。另外，文案中提到的"北漂""家""探索""500 强"等关键词，不禁让众多"80 后""90 后"想起自己的奋斗经历、买房经历，从而引发情感共鸣。

7.3　其他平台案例写法

适合做营销推广的平台除了微信、微博等热门平台外，还包括直播、短视频、论坛、贴吧等平台。所以，商家还应掌握这些平台文案的写作方式，做好营销推广工作。

7.3.1　直播平台文案写作方法

网络直播有多火？在直播活动中，获得高额打赏的主播及因为带货而拿高额提成的主播比比皆是。特别是淘宝直播、抖音直播，开启了"边看边买"的模式，让消费者通过直播，更直观地了解产品，并能通过即时互动打消购物疑虑，从而导致较高的销售率。

2016 年 6 月 20 日，网红张大奕的淘宝直播结束，统计数据显示观看人数达到 42.1 万，点赞破百万。在不打折的情况下，商品新成交超过 2000 万元，刷新淘宝直播销量纪录。

根据阿里巴巴官方数据，2019 年"双十一"全天，淘宝直播带来近 200 亿元的成交额，涵盖美妆、服饰、食品、家电、汽车等行业。

一位"村红"也通过淘宝直播在 5 秒时间内卖了 40000 个土鸡蛋。由此可见，直播成为电商商家的一个热门营销方式。

直播文案主要体现在直播标题和直播内容中。直播标题主要是为了吸引更多粉丝进直播间；而直播内容的文案，主要是为了转化粉丝为消费者。

直播标题要与直播内容环环相扣，且能抓住消费者的痛点，这样才能取得较好的效果。如小个子女孩在买服装时，想解决诸如"如何拉长身材比例""如何不显矮小"等问题。商家的直播名称如果为"155 小个子也可以这么美"，当目标消费者看到该标题时，可能因为好奇小个子能有多美而点击进入直播间。

下面看一看淘宝直播频道中的两个案例，如图 7-27 所示。第一个直播文案通过使用关键词"新款"表明款式新颖；用关键词"限量"营造紧迫感；用关键词"现货秒发"表明产品发货快。第二个文案则从消费者的身材出发，使用关键词"多肉女孩"筛选身材丰腴的女粉丝，应用"显瘦""秘密"等关键词，吸引这类女粉丝进入直播间。

商家在策划直播活动时，可以在标题中突出活动亮点，应用诸如"抢购""划算""仅限前 100 名"等关键词。

在直播中提及产品时，用语言构建场景，更能刺激消费者下单。例如，知名带货达人李佳琦，在推荐香水时，用到诸如"下过雨的森林味道""屋顶花园，斩男香，非常适合夏天"等美好场景的文案，让人浮想联翩。

李佳琦在描述产品时，也有别具一格的形容词。例如，用"太心动的感觉了吧，人间水蜜桃就是你"来形容口红的颜色；用"你不发工资也可以随便买"来说明产品价格平民；用"银行卡的余额可以变，男朋友可以变，999 不能变"来说明口红不变色。这些，都是非常具有影响力的说辞，也是直播文案创作的好范例。

图7-27　淘宝直播频道

7.3.2　短视频平台文案写作方法

短视频，指的是播放时间比较短的视频，如抖音短视频、淘宝短视频等。近年来，一个短视频捧红一个关键意见领袖（KOL）、一个短视频捧红一个品牌、一个短视频增加数百万粉丝的例子，屡见不鲜。

短视频的出现，正好让网民们的碎片时间能够得到充分利用。而且短视频比起图文形式的文章来，更加形象直观，所以短视频也更加能打动网友。商家可以通过策划短视频来营销推广自家产品。

短视频文案常见于标题中，最主要的功能在于建立情感链接，引发观众共鸣。短视频的播放时长通常较短，想完整地表达主题内容，就需要为短视频设置一个画龙点睛的标题。在策划短视频标题时，应注意以下技巧。

- **善用数字。**文案标题中加入简洁直观的数字，可以快速吸引用户的注意力。例如"7 个瘦身小技巧""3 月不减肥，4 月徒伤悲"等。
- **善用疑问句。**疑问句往往能够激起用户强烈的好奇心，起到更好的引导作用。例如"老公背着我给他爸妈转钱，被发现了还不承认，我应该怎么办？"
- **选用合适的关键词。**很多短视频平台都是根据关键词来向用户推荐短视频的，因此，选用合适的关键词作为短视频的标题非常重要。例如"四川儿菜原来是这样吃的"这个标题就很清晰明确，用户很快就能从标题中提取到关键词"儿菜"，并且猜测到视频内容就是介绍儿菜的做法。
- **设置带有矛盾冲突的文案。**含有矛盾冲突的文案标题，往往更容易勾起用户的好奇心。例如"今天是我大喜的日子，可是我却笑不出来。"大喜日子为什么笑不出来呢？用户为了一探究竟，更有可能点击观看视频内容，从而带来更多点击量。

- **设置刺激性较强的标题**。在标题中加上刺激性比较大的词句，通常更容易引发用户点击。比如抖音很火的短视频标题"全网最难的手势舞，相信没有第二个人会"。这种肯定语气过于强烈的标题，容易引发用户的好奇，继而点击查看视频，以解心中迷惑。

某抖音短视频的文案标题中就用到了疑问句，询问云贵川的兄弟们视频中是什么菜？该条短视频截至 2020 年 2 月 14 日 17：00，共获得 4.5 万个赞、4.5 万条评论及 273 次转发，如图 7-28 所示。全国各地用户都在评论区留言，纷纷发表自己认为的菜名，如"棒菜""棒棒菜""升级版莴笋""莴笋"等，如图 7-29 所示。可见这种疑问式的文案标题对粉丝的吸引力还是很大的。

图7-28　带疑问句的短视频标题文案　　　　　图7-29　评论区截图

当然，商家也可以在短视频的文案中描述产品功能、使用场景、活动优惠等内容，如"2月 14 日特惠！每天泡脚就用 ×××浴足盆，舒服还不贵"。

7.3.3　论坛/贴吧文案写作方法

贴吧、论坛也是高度聚集人气的平台，例如常见的百度贴吧、天涯社区等。一篇好帖子，会带来非常大的传播效应，从而制造无数的商机。商家可以利用贴吧论坛进行自我推广，进而实现精准引流。

一般来说，有特色的帖子才能引起更多关注。如果直接写广告帖夸产品好，很难引起读者的关注。所以贴吧、论坛内的帖子应先展开一个场景，再逐步传达产品信息。

　　例如，知乎中有人提出"怎样可以祛黑头？"的问题，某答主用自己亲身经历推荐某款婴儿油，如图 7-30 所示。从图中可见，答主以自身经历为案例，讲述自己尝试过如猪鼻贴、蒸脸机等方法，但都没有太大效果，直到遇到了某款婴儿油……答主在后续内容中再逐步讲解婴儿油祛黑头的方法及该方法的优缺点，使读者更全面地认识该方法和产品。

图7-30　某答主的部分答案截图

　　商家在写这类文案时，要注意渐进式引导，并注重内容的实用性。例如，上述文案中，答主考虑到对于消费者而言，整整一瓶婴儿油都用于去黑头可能太多了，故列举了婴儿油的其他用法，如用于卸淡妆、护发梢、擦皮鞋等。为表现专业，答主还在后续内容中以快问快答的形式，列举并回答了一些常见的问题，例如，需要天天用吗？怎么揉怎么刮？推荐毛孔收缩水？解决了这些小的"痛点"以后，消费者就更加容易购买产品了。

7.4　高手秘籍

 **技巧 1——微信朋友圈应该发什么内容**

　　如果在微信朋友圈只发广告信息，久而久之会遭到好友的屏蔽或拉黑。所以，商家可以在朋友圈分享丰富多彩的内容，间或发一些广告信息，或者巧妙地将广告信息糅合到生活内容中进行发布，这样比较不会引起好友的反感。可分享的朋友圈内容包括热点、生活 / 情感感悟、真实生活等，如图 7-31 所示。朋友圈的内容应该是丰富多彩的，不同的内容可以交替更新，这样能更具吸引力。

图7-31 商家相关的信息

- **热点内容。**商家可以每天搜罗热门话题、新闻、流行元素，更新在朋友圈。用新鲜事抓住消费者的关注。
- **生活／情感感悟。**为什么生活／情感文会受广大好友的喜欢？其原因在于每个人都会有自己的生活经历，都会有一些情感方面的故事，因此分享一些易引起共鸣的生活感悟与情感感悟，能快速俘获很多人的心。
- **真实生活。**账号人格化，能增加信任感。微信好友里的客户，大多没有见过面，想要建立信任，分享真实生活就是个很好的方法。如生活中的自拍、参加活动、看电影、工作烦恼等内容，都可以分享在朋友圈，让好友们了解账号主人的真实生活，从而产生信任感。
- **互动性话题。**在朋友圈发表互动性较强的话题，让好友参与讨论。典型的就是咨询求助，如"梅雨季节来临之际，请教万能的朋友圈，如何保存干货食品？"还可以把好友的出谋划策整理成资料，分享在下一条朋友圈信息中，这样更能增加好友的参与感，对于提升感情，建立信任也有很大的帮助。
- **专业知识。**建立用户信任，也可从建立专家形象着手。如平时多在朋友圈发一些专业知识，帮助好友解决问题，树立起专业形象。一旦树立起专业人士的形象之后，发布的广告信息就更容易被接受。

技巧 2——如何通过排版提升长篇文案可读性

长篇文案，顾名思义指的是文字内容较多的文案，常见于微信公众号、微博长图、论坛帖子中。假设一篇 5000 字的文档没有经过任何排版处理，文字看上去密密麻麻，很多读者是没有耐心去细读的，甚至看一眼就会关掉页面。所以，为了方便读者更快速、便捷地阅读长篇文案，应对文案进行排版处理，使之大小分明，颜色各别，图文间杂，疏密有致。

1. 字体大小

在微信公众号平台中，同一文案，字体大小不一，其排版效果也会形成很大的区别。所以，对于字体的建议如下。

- 文案应有层次，同一层次级别的内容，其字体大小应一致，不同层次的内容，字体大小应有所区别。目前，微信上正文的字体大小一般是 16 号。

- 字体变化不要超过 3 种。正文中有些小提示可用到比 16 号更小的字体，如 10 号、11 号；特别醒目的标题可用大字体，如 20 号、24 号。但在同一篇文章内字体差异不能太大，尽量控制在 3 种以内。如一级标题用 20 号字体，二级标题用 18 号字体，正文用 16 号字体。
- 不同大小的文字尽量不要出现在同一行。在一篇文案内，不要频繁更换字体的大小，尤其不建议在同一行文字里变化字体的大小，但一些特殊排版导致首字母放大的除外。

2. 字体颜色

不同的字体颜色，会产生不同的阅读效果。想把版面做得好看，就必须在字体颜色上花一点心思。例如，大型国企、政府类的官方微信账号所发文案，常选择黑灰色，既不失官方的严谨，又能突出重点。

颜色不超过 3 种，最好统一不撞色。除了黑白外，整篇文案的字体最好不超过 3 种，且与整篇文章调性相符。如文章内容主题是咖啡厅，为了给人以休闲、放松与暖洋洋的感觉，建议使用棕黄色；如主题是孕婴，则可以使用粉色、玫瑰色等颜色，给人以充满温馨与童趣的感觉。整个文案的文字颜色调性应统一起来，不建议采用对比太鲜明的颜色，比如黄色和绿色、红色，会造成过于强烈的视觉刺激，常常会令读者产生不适感。当然，对个别字词采用对比较强的颜色来进行强调是可以的。

3. 图文搭配

文案配图应遵循干净、简洁的原则。在选择图片时，应选择与内容相符的图片。此外，还要注意图片内容、色彩、色调一致。前面提到，字体颜色应根据内容来选择，图片也是如此。商家可以在确定文案风格和内容后再去配相关内容的图片。图文搭配时要注意相互错杂，交替切换，切忌一大堆图或一大堆文字挤在一起，会给予读者不好的阅读感受。

4. 解决文字拥挤问题

文案内容过多可能会显得文字拥挤，这个问题可以通过设置段落层次和行间距来解决。

- 段落层次。适当分段，将文章内容切割为多个自然段，每个自然段最好有 3 ~ 6 行文字，这样可使内容看起来更清楚。
- 行间距。引起字体拥挤的原因还可能是行间距过小。可适当在图片和文字之间添加空行、在段落和段落之间添加空行。

在发布文案前，可生成预览链接，用不同屏幕的手机阅读，发现排版有问题时及时改善。

提示 建议利用好文案顶部和底部位置，让文案排版更加多样化。特别是在微信公众号平台里，很多账号都会在顶部设置一个导读板块，用以介绍整篇文章写哪些内容。底部则可用于投放相关产品广告，也可用于强调商家的其他信息。

第8章

电商活动介绍

本章导读

　　活动通常能够为消费者制造一个很好的购物理由，同时，也能为店铺的销售增添动力。掌握促销活动的相关知识与举办流程是每个商家的必修课，具体内容包括：活动的作用，如提高品牌曝光率、店铺转化率，处理库存产品等；认识文案对活动的作用，如宣传作用和推广作用；了解不同电商平台上的活动，掌握它们各自的特点。

8.1 电商活动的作用

商家想要运营好网店，举办各式各样的促销活动是必不可少的。促销活动的作用主要体现在吸引消费者积极参与、提高品牌曝光率和转化率，以及处理库存产品等。

8.1.1 关于活动的3个问题

商家在参加、策划活动之前，首先应思考以下 3 个问题。

- 一般的店铺需要活动吗？
- 所有的活动都对店铺有好处吗？
- 可以跟着同行做活动吗？

第一，一般的店铺肯定都需要活动，无论是店铺的自主活动，还是参加官方的活动。做活动不仅可以增加销售额，而且还可以获得新客户，以及提升老客户的活跃度，甚至还可以打造爆款等，有诸多的好处。

第二，并不是所有的活动都对店铺有好处。例如，某店铺在参加一场聚划算活动后，店铺销量和流量确实得到明显提升，但由于商家配货、发货不及时，导致收到一大堆投诉、退款和差评，反而降低了店铺的评分等级。因此，商家不应见到活动就去参加，而应基于店铺的运营计划与自身能力，在确实需要活动，以及能够胜任活动时才做活动。

第三，可以参考同行活动，但不能盲目效仿。做活动与否，做什么类型的活动，需要根据每个店铺的实际情况确定。例如，某家具商家货源充分、人力充足，正好平台组织举办家装节，有大量同行参加，那么该商家也可以参加；反之，如果货源或人力不足，则应谨慎考虑。

8.1.2 吸引消费者的积极参与

一个好的活动可以调动消费者的积极性，吸引新老客户参与到活动中来。商家只有吸引更多消费者，产品信息或品牌信息才能得到更好的宣传。

海昌隐形眼镜在 2019 年 8 月 9 日推出了一个"凭瞳寻主"活动海报，如图 8-1 所示。商家在活动中介绍 4 只御猫（取名为：平安、霜眉、鳌拜、鲁班），并对应 4 只御猫推出"夏云灰绿""淡茜粉棕""玳瑁黄棕""碧螺绿棕" 4 个色系的美瞳。由于美瞳颜色和御猫形象的高度契合，使得活动一经推出，客户就积极参与。该活动整体曝光量高达 5.5 亿次，互动量超过 5 百万次。

一些规模较小的电商商家，可能无法策划、实行诸如上述案例中的大活动。但可以策划店内活动，吸引消费者参与，例如，策划周年庆、新品满减等活动，吸引消费者的关注和参与。

图8-1 "凭瞳寻主"活动海报

8.1.3 提高品牌曝光率

一些商家策划活动，不是为了售卖产品，而是为了提高品牌曝光率。消费者在熟悉、认可品牌后，会慢慢地建立信任背书，从而更愿意购买品牌下的产品。例如，很多人想购买坚果零食时，都会想到三只松鼠和良品铺子。

成立于 2017 年 10 月的瑞幸咖啡，采取新零售模式，发展至 2019 年 5 月已经上市。瑞幸咖啡的成功，离不开营销活动。瑞幸咖啡的宣传文案把小蓝杯的咖啡推到大众视野里，如图 8-2 所示。

图8-2　瑞幸咖啡文案

瑞幸咖啡在邀请明星代言、投放朋友圈广告、电梯广告的同时，推出多种营销活动，例如，下载注册 App 首单免费、邀请好友免单、买二送一等，加大品牌曝光度。

8.1.4 提高店铺转化率

大部分成功的电商活动，都能为产品或店铺带来不少流量。如果活动中产品又比较有吸引力，那店铺转化率也会很不错。

例如，淘宝某宠物用品店，主营猫粮、狗粮、宠物零食等产品。店铺前期基础工作开展得较好，流量相对稳定，但转化率不高，店主试图采用收藏、加购领代金券的方式，刺激消费者下单，但效果并不理想。经过分析，店主决定采取"满就减"活动。如图 8-3 所示，为开展该店铺活动前和活动后的数据对比。

由此可见，该商家通过"满就减"活动，有效提升了访客数量、下单金额及转化率。相比之前的活动，"满就减"活动对消费者的刺激更大。例如，对于一袋售价为 99 元的猫粮，收藏、加购可获得 3 元代金券，虽然这对消费者来说很容易，但奖励也很微不足道，消费者可能不屑于去操作。如果举办满 199 元减 20 元的活动，这个优惠就比较有吸引力了，同时，消费者需购满 199 元的产品才能享受到优惠，这就同时提升了转化率与客单价，可谓一举两得。

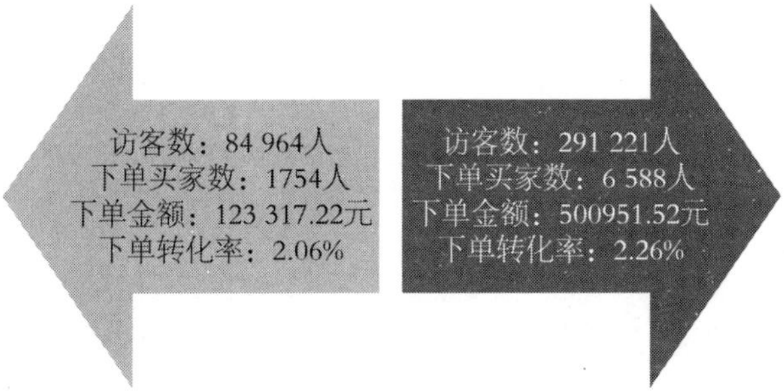

访客数：84 964人
下单买家数：1754人
下单金额：123 317.22元
下单转化率：2.06%
访客数：291 221人
下单买家数：6 588人
下单金额：500951.52元
下单转化率：2.26%

图8-3　活动前和活动后的数据对比

8.1.5　有利于新品销售

一般情况下，处于上新阶段的产品，由于没有基础销量和评价，很难打开销售局面。因为很多消费者对新产品有一种抗拒心理，不愿意冒风险去尝试新品。如果商家能在产品上新时，策划活动激励消费者下单，降低消费者初次消费成本，即可促使消费者购买新品。

某鞋包类目商家推出春季上新的活动海报，从活动海报中可看到，“新品低至59元起”，用低价的活动形式吸引消费者点击查看，如图8-4所示。当消费者点进活动详情页面后，可看到具体新品的原价（179元）和活动价（59元），用价格反差吸引消费者下单，如图8-5所示。由此可见，活动可以帮助新品打开市场，使消费者更快速地接受新品。当新品记录了一定的基础销量和评价后，才更有利于后期的销售。

5:08
推荐
宝贝
新品
好物
超值
春日暖阳
新品低至59元起
粉丝福利
¥10
¥20

图8-4　活动海报

5:09
59
领券满89-10/满159-20
¥59
2020新款春季学院厚底板鞋平底系带透气孔圆头耐磨学生小白鞋
浙江温州
加入购物车
立即购买

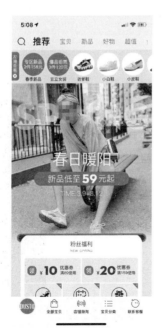

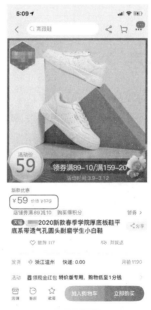

图8-5　活动商品详情页面

促销活动本质上是让利给消费者，但这样的让利并非时时都有，为了让消费者意识到这一点，店主应该营造出一种"机不可失，时不再来"的感觉，促使消费者快速接受并购买产品。

8.1.6　处理库存产品

很多商家都可能面临库存积压的问题。积压的产品如果不及时处理，则可能影响店铺的资金流转。针对这种情况，可利用促销活动来处理库存积压产品。部分商家甚至跨平台参加活动，处理库存产品。

例如，某售卖鞋类产品的商家，在淘宝经营 2 家店铺。店内其中一款鞋的成本在 40 元左右，售卖价格为 78 元。季末时，该鞋子的库存还有几千双。正是由于库存产品多，无法及时变现，激起了商家策划促销活动的想法。经过权衡利弊，该商家决定入驻拼多多平台，并参加平台内的"断码清仓活动"，以 39.9 元的价格售卖该产品。对于拼多多用户而言，只需花淘宝平台一半的价格就能买到同款鞋子，非常有吸引力。由于具备高性价比，该款鞋子在 3 天内被一抢而空。

由此可见，举办活动，甚至跨平台举办活动来处理库存产品是一种行之有效的方法。

8.2　文案对活动的作用

无论多优秀的活动海报，都需要文案。而且，好的文案往往起着画龙点睛的作用，能为活动造势和助力。

8.2.1　宣传作用，为活动造势

活动一般分为预热期、正式期和结束期。在活动预热期，商家需在多个平台发布活动信息和海报，吸引新客户，唤醒老客户。在预热期内，文案能起到宣传作用，为活动造势。

17TV（联想旗下的某智能电视品牌）在上淘宝众筹活动前推出一个预热文案，如图 8-6 所示。因为电视和单一属性的手机不同，一起看电视的人越多，才越有氛围，因此 17TV 的众筹倒计时文案共设置 7 个场景，分别从爱情、亲情、友情等情感角度出发，倡导人们抓住在一起的机会增加感情。

正是文案的情感文字描述和活动倒计时等信息，吸引了消费者的关注。17TV 的淘宝众筹活动需获得 200000.00 元才可成功。截至结束日期，该众筹活动共获得 2039534.00 元资金，超额完成众筹金额。由此可见，文案对活动来说，可以起着很好

图8-6　17TV在上淘宝众筹活动前的预热文案

的造势宣传作用

当然，不是每个文案策划者都能写出精妙绝伦的文案信息。但一般的文案也能传递活动信息，如活动时间、活动规则及活动奖品等。某美妆工具店在微淘推出了活动，其文案页面如图8-7所示。该文案详细说明了活动的主题、时间和规则。当消费者看到这些文字信息，即可知道如何参与到活动中。

一些发布在社交平台的活动文案，不仅可以传递活动时间、规则等信息，还留有微信号、联系电话等信息，便于消费者进一步了解并参与活动。

8.2.2 推广作用，为活动助力

文案除了能宣传活动，还能推广活动。特别是一些在社交平台发起的活动，推广范围越广，参与的消费者越多，活动效果可能更好。肯德基微博推出过一次活动，其页面如图8-8所示。通过该活动文案描述可知，消费者参与活动的前提是带上"上美团点评搜索肯德基"的话题，转发、评论本微博。当消费者按规则操作后，有更多的微博消费者可以看到该活动信息。如果这些消费者也想参与到活动中来，必须带标签转发、评论该条微博……如此一来，活动也得到了更好的推广。

而且，一些富有创意性的文案可以引发消费者的想象，从而鼓励消费者积极参与活动。某健身活动的宣传海报通过一个身材健美的人物形象，从视觉上刺激了消费者的兴趣，如图8-9所示。海报还加上了"健身挑战""已有986732人加入""每天30分钟"等文字，进一步刺激消费者的兴趣。再加上二维码和"长按扫描、马上加入"等引导性文字，也提高了消费者的参与积极性。

图8-7　某美妆工具店的微淘活动文案页面

图8-8　肯德基微博某活动页面

图8-9　某健身活动的宣传海报

还有一些公益性活动文案，通过"大爱""有爱"等富有正能量的文案，让受众对活动有更多好感，从而自主转发、分享活动，起到推广作用。

8.3 不同电商平台的电商活动介绍

除了自己策划活动外，商家还可以报名电商平台的活动。例如，淘宝、天猫平台的聚划算、免费试用、淘金币、"双十一"、年货节等。这些平台活动有着人气旺、流量大等优点，但对报名商家和产品有一定的门槛限制。故商家在参加平台活动前，应仔细阅读活动招商规则。

8.3.1 淘宝、天猫

2019年5月15日，阿里巴巴集团公布2019财年第四季度和全年未经审计财报。数据显示，阿里巴巴集团在本财年收入达3768.44亿元。四季度移动月度活跃用户达到7.21亿，年度活跃消费者达到6.54亿。淘宝、天猫过去一财年新增超1亿用户。

淘宝和天猫是阿里巴巴集团投资创办的网上开店平台，如今已经发展为亚太地区较大的网络零售商。这两个平台，从创立之初就有很多促销活动，淘宝平台会投入大量的广告来进行宣传。

平台提供的促销活动，部分有时间限制，例如"双十一"在每年的11月11日举办。淘宝、天猫平台从1月到12月，都有不同主题的促销活动。以2019年1—6月为例，淘宝和天猫平台推出的活动包括天猫年货节、油漆涂装节、天猫母亲节等。仅在2019年3月，就有12个促销活动，部分活动名称及时间如图8-10所示。商家如果选好产品，报名参与到活动中去，就能使店铺流量得到较大的提升。

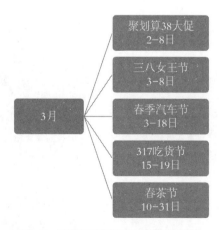

图8-10　淘宝和天猫平台3月部分活动图

除了这些有时间限制的活动外，淘宝、天猫平台还推出多个没有时间限制的活动，如聚划算、淘金币、免费试用等活动。

1. 聚划算

聚划算是阿里巴巴集团旗下的团购网站，有着用户基数大、流量多等优点。聚划算依托的是淘宝网的消费群体。2019年，仅在天猫"6 18"期间，聚划算百万爆款团就超过4700个，千万爆款团更达180个。同年9月，聚划算99划算节开场19分钟成交额超去年1小时；在活动前1小时，就有194款产品成交破万件，71款产品成交金额破百万元。聚划算展现在手机淘宝首页的显眼位置，如图8-11所示。点击进入聚划算页面可看到女装、生鲜、手机、数码等多个类目产品，如图8-12所示。

图8-11 手机淘宝首页"聚划算"展位

图8-12 聚划算生鲜类页面

参加聚划算的产品，销量基本都可以成千上万。由此可见，聚划算自身就拥有丰富的流量。聚划算具有加大产品流量、打造爆款产品、清理库存产品等众多优点，符合条件的商家可积极参与。

2. 淘金币

淘金币是淘宝网的虚拟积分。消费者通过购物、签到、种树等方式都可以得到数量不等的淘金币。当淘金币积累到一定数量后，可以参加抽奖活动或购物时抵扣部分金额。常见的淘金币玩法多种多样，如图8-13所示。

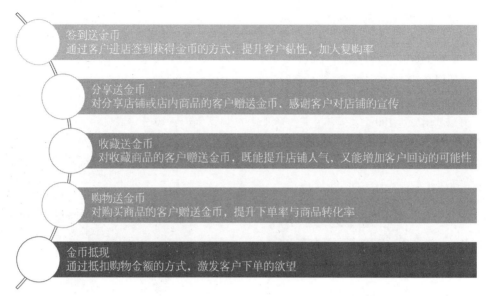

图8-13　淘金币玩法

另外，商家参加淘金币活动，还有机会获得淘金币频道的展位，提升产品流量和销量。

3. 免费试用

阿里试用是一个专门为消费者提供免费试用产品的平台。在平台上，商家拿出试用品免费给消费者试用，消费者在产品试用后会反馈一个试用报告给商家。商家可以借此宣传产品，发展新的消费者。

阿里试用中心提供多个类目产品的免费试用产品。某款口红推出试用活动，其页面如图 8-14 所示。从图中可以看出，试用品为价值 170 元的口红，截至报名活动结束时间共有 60 819 人参加，但只有 9 个人能得到免费试用的机会。虽然剩余的 6 万多人没有拿到试用品，但他们在查看活动报名细节时，无意中也熟悉了产品，其中部分人很可能会收藏、购买该产品，这就是免费试用带来的额外好处。

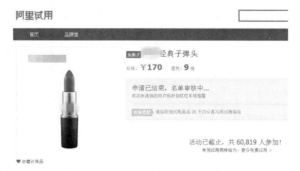

图8-14　某款口红试用活动页面

淘宝、天猫平台的活动不仅仅限于以上介绍的几种。更多活动可在淘宝官方活动营销中心——"淘营销"中查看、报名。

8.3.2 京东

1998 年 6 月 18 日，刘强东在中关村创立京东公司。随着规模的发展，京东商城在北京、上海、广州、成都等地建立了物流平台，为全国用户提供更快、更便捷的配送服务，很多地方甚至实现了当日购，当日达。

2019 年 11 月 15 日，京东集团发布 2019 年第三季度业绩。数据显示，京东净收入达 1348 亿元人民币。过去 12 个月的活跃购买用户数为 3.344 亿，创下近 7 个季度以来最大增量。由此可见，京东平台也有着广泛的用户数量，同时，还因为快捷的物流服务获得很多忠实客户。京东平台产品分类也涵盖生活的方方面面，特别在家用电器、手机、数码等类目，积累了很多忠实客户。

京东平台基本每个月都推出不同主题的活动。比如，2019 年 3 月京东推出了数个活动，其名称和时间如图 8-15 所示。

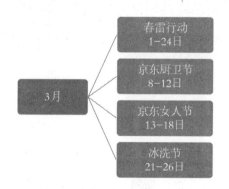

图8-15 京东平台3月部分活动图

在京东平台上，最出名的活动为每年 6 月 18 日的"京东 618"。据京东官方宣布，2019 年"京东 618 全球年中购物节"，从 2019 年 6 月 1 日 0:00—24:00，累计下单金额达 2015 亿元，覆盖 7.5 亿消费者。相比 2018 年的 1592 亿元金额，增长 26.57%。

有意向参加京东官方活动的商家，可在京东营销活动中心报名。除此之外，京东平台的商家也可以使用店铺营销策划活动，如单品促销、拼购、满减等。

8.3.3 拼多多

拼多多是一家专注于 C2B（商家对消费者）拼团的第三方社交电商平台，成立于 2015 年 9 月。其运作形式为：消费者通过发起亲朋好友的拼团，可以更低的价格买入产品。

由于在产品价格上比较优惠，拼多多平台内的消费金额与消费者数量急剧增长。到 2016 年 2 月，拼多多单月成交额破 1000 万，付费用户突破 2000 万。2018 年 7 月 26 日，拼多多登陆纳斯达克上市。2019 年 8 月 21 日，拼多多发布了 2019 年第二季度财报，数据显示，拼多多第二季度营业收入 72.9 亿元。截至 6 月 30 日，拼多多在过去的一年时间里，成交总金额达到了 7091 亿元，比 2018 年同期增长了 171%。年活跃用户为 4.832 亿，比 2018 年同期增幅为 41%。

由此可见，拼多多作为一个后起之秀，在极短的时间内获得了惊人的用户量和高额成交量。拼多多通过人性的消费心理定位，源源不断地吸引着新客户。在拼多多售卖的产品，大多以价格低廉的爆款产品为主。

拼多多平台的活动也比较多，在拼多多首页中可以看到如"限时秒杀""断码清仓""9块9特卖""助力享免单""1分抽大奖""砍价免费拿"等活动，如图 8-16 所示。其中，"限时秒杀""断码清仓"等活动在淘宝、京东中也比较常见。

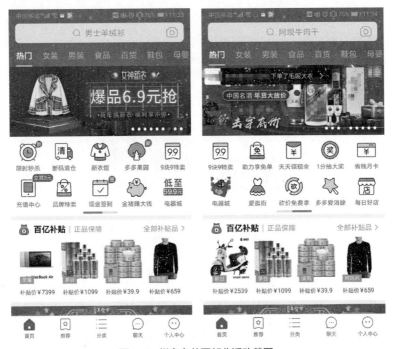

图8-16　拼多多首页部分活动截图

值得一提的是，拼多多还有许多裂变拉新类活动，如"助力享免单""砍价免费拿"等。拉新裂变类活动，指的是通过利益驱动，让消费者自发大量传播活动，造成活动人员数量呈现指数增长的态势。特别是在社交平台（如微信）中传播的活动，裂变效果非常可观。

例如，拼多多某款榨汁机推出助力享免单活动，其页面如图 8-17 所示。该活动规则为：在 24 小时内，成功邀请 1 位新用户下载拼多多 App，即可免费领取一个原价 99 元的榨汁机。对该榨汁机感兴趣但又无法成功邀请好友的消费者，可以领券以 59 元的价格购买该产品。

又如，拼多多某款微波炉推出砍价免费拿的活动页面，如图 8-18 所示。该活动规则为：在 24 小时内，发起者邀请新老用户通过自己分享的链接，进入拼多多 App 的活动页面砍价。每个用户可砍的金额不同，砍到底价"0 元"时，发起者可免费获得该产品。

图8-17 某款榨汁机助力享免单活动页面　　图8-18 某款微波炉砍价免费拿活动页面

无论是助力活动还是免单活动，发起者为了免费得到产品，会自发地转发分享。而被分享的人看到可以免费拿时，可能又会发起新的助力或砍价活动。这样活动分享范围不断扩大，产品知名度和平台用户数也随之不断扩大。对活动感兴趣的商家，可以在拼多多商家版后台报名参加活动。

8.3.4 微信

根据 2019 年微信发布的《2018 微信年度数据报告》，2018 年微信月活跃用户突破 10 亿。在用户数量巨大的背景下，很多商家把消费者引入了微信，通过策划微信公众号活动、微信群活动及微信朋友圈活动等，吸引消费者下单。由于微信朋友圈活动类型较多，使用范围较广，故放在后续章节详讲。这里主要介绍常见的微信公众号活动及微信群活动。

图8-19 常见的微信公众号活动

1. 微信公众号活动

微信公众号，是微信公众平台为用户提供的一种应用。通过微信公众号，商家可以群发文字、图片、语音、视频、图文消息等内容给关注者。常见的微信公众号活动如图 8-19 所示。

（1）写留言得礼品。这种方法通常为：在公众号文案中抛出一个话题，并让消费者在公众号底部留言发表意见，并声明选取一名或多名参与留言的人送出礼品。例如，元旦在即，某服装店铺公众号发布消息提到最近上新的衣服颜色喜庆，适合新年穿，并在文末提示消费者"在评论区说出你的新年愿望，抽取 3 名小可爱送 50 元新品专用代金券"。这种活动只要话题互动性强，奖品有吸引力，就会有很多消费者踊跃参与。

（2）**游戏互动得礼品**。一些品牌商家也可以先制作专属游戏，再将游戏链接放在公众号里，用文字吸引消费者点按跳转至游戏页面，让消费者玩上小游戏。这些小游戏既能娱乐消费者，又能使消费者得到一定的奖励，因此很受消费者欢迎。当然，在策划游戏时，应注意将产品或品牌融入游戏规则、游戏界面与游戏奖品中，这样才能起到推广产品、强化品牌印象的作用。

（3）**测试型活动**。很多消费者都喜欢参加测试型活动，例如测试性格、情商等，因此很多商家用易企秀、面展等工具制作测试型活动，并引导消费者参加。当消费者测试出结果后，认为结果比较准确，通常会自动分享测试链接至微信群、微信朋友圈，吸引更多消费者参与测试。这类测试型活动一般用于吸引更多消费者关注公众号，积累一定数量的粉丝后展开营销活动。

（4）**投票活动**。公众号中举行各种投票活动已经屡见不鲜，例如萌宠比赛、摄影比赛、员工评比等。很多参与活动的，在利益（奖品）的驱使下会不断地转发投票信息给亲朋好友，从而使公众号得到了推广，因此可以说每个参加活动的消费者是公众号的"宣传员"。

例如，某经营数码产品的商家就曾在公众号中发起一起摄影大赛，参赛照片不限设备，获得投票最多的前三个作品的用户可以获得一台数码相机。这个活动吸引了很多用户参加，最终效果不错，既宣传了店内数码产品，又吸引了很多新粉丝关注公众号。

2. 微信群活动

很多电商商家都把消费者拉到微信群里进行统一管理。管理者常常策划微信活动来提高群内消费者对产品与品牌的好感度，同时也可以营造活跃的群内氛围。常见的活动包括抢红包、猜价格、比骰子大小等。

（1）**抢红包**。微信红包有两种，一种是金额平均分配，另一种是金额随机分配。随机分配金额的红包较受大家的欢迎，因为可以体现出群友们的"手气"，谁抢到金额最大的红包，谁就是"手气最好"的人。因此，很多消费者都喜欢参与抢红包活动。

商家可以在固定的时间推出抢红包活动，手气最佳的消费者可以获得奖品。例如，某食品类目商家，每周五的15：00会在粉丝群里发5个红包，手气最佳者可以获得一张30元的无门槛代金券。在红包和奖品的双重刺激下，很多消费者都积极地参与到了活动中。

（2）**猜价格**。猜价格活动适合在新品发售前，价格未知时举办。活动当天，可在群内发布一个新品预告，并用有奖竞猜吸引消费者猜价格。谁猜的价格越接近真实定价，谁就获得礼品。这种活动往往需要提前预热，例如提前一天或当天早上，就应在群里发布活动预告，吸引更多消费者参与到活动中来。

通过猜价格活动，商家可以直接面对精准消费者介绍产品的性能和卖点，有助于加深消费者对产品的印象，刺激消费者下单。

（3）**比骰子大小**。微信表情中有一个骰子图标，不同用户在不同时间段内发出这个表情，会得到不同点数的骰子图。群主可以先掷一个点数，在规定时间内最先掷出大于这个点数的若干名消费者，皆可获得奖品。这种活动适合在推广产品前几小时运行，为了刺激消费者下单，可以多设置获奖名额。

微信活动不仅仅限于以上几种，还有征集买家秀、抽奖小程序等。商家可根据自己产品特色去策划更多活动。

8.3.5 其他平台

除了以购物为主的平台外，一些社交平台也可以作为商家举办活动的营地。如微博、贴吧及各类直播与短视频平台等。这里列举几个常见平台上的活动供大家参考。

1. 微博抽奖活动

微博抽奖活动是微博运营中最基础、最有效的玩法之一。商家通过抽奖活动在吸引粉丝的同时，还能增强与粉丝之间的互动，传播商家信息。某知名博主在微博发起的抽奖活动，页面如图 8-20 所示。通过图片可知，粉丝转发、评论微博并把产品加入购物车，可获得参加抽奖的机会。活动共有 177 名中奖名额，中奖可获得新品蛋黄酱 2 瓶装一份。数据显示，该条微博转发数为 46 050 次，评论数为 53 729 条，获赞 247 572 个，营销效果较好。

2. 贴吧盖楼活动

贴吧的组织单元是"话题"，每个话题可以被建立为一个"吧"，如"足球吧"。对该话题感兴趣的消费者会聚集到同一个吧中进行交流，所以贴吧里的消费者相对比较精准。商家可在贴吧中策划活动，加大产品曝光率，吸引更多精准消费者。

在贴吧中，最常见的活动为盖楼活动。如某款游戏推出了元旦盖楼活动，页面如图 8-21 所示。活动规定：消费者在帖子里按照一定格式回复内容，在 66 层、233 层、555 层……回复的消费者，可以获得游戏里的黄金。

图8-20 某知名博主在微博发起的抽奖活动页面　　　图8-21 某款游戏的元旦盖楼活动页面

数据显示，该帖子截至活动结束，共计 636 条回复。很多消费者纷纷留言，对新一年的祝福及对游戏的喜欢。这样针对精准消费者进行的营销活动，其效果通常是比较好的。

3. 抖音活动

抖音作为热门的短视频平台，长期设有官方活动，吸引新老用户的参与，如 2020 年春节前，抖音官方推出的"红包大会"活动，页面如图 8-22 所示。

图8-22　抖音官方推出的活动页面

抖音官方平台推出的活动有着礼品诱惑力大、用户参与度高等优点。电商商家也可以自行策划一些较小的活动，吸引目标消费者。例如，经营减肥产品的商家，可拍摄一个胖女孩减肥过程的视频，引起有过减肥经历的消费者的情感共鸣，再通过视频末尾的文字引导"在评论区说出你的减肥经历，抽 10 名小可爱送 ×× 产品"，激发消费者参与互动的兴趣。

4. 直播间活动

随着淘宝直播、抖音直播等直播平台的兴起，越来越多的产品通过直播间走进了大众视野。很多商家凭借直播，不仅销售出了大量的产品，打响了自己的品牌，还收获了很多忠实粉丝。为维护好直播间的粉丝，商家也喜欢策划直播间活动，例如领取优惠券、享受专享价、秒杀产品等。

例如，某服装商家经常在淘宝直播间发放优惠券，忠实粉丝已经养成习惯，观看直播时会主动询问今天有暗号吗？今天有券吗？如图 8-23 所示。

图8-23　淘宝直播间优惠券活动页面

新进入直播间的消费者，可以根据"女神专享"公告栏信息及主播的提醒，领取优惠券。这种在直播间发放优惠券的活动，既能活跃直播间氛围，也能刺激消费者下单购买产品。

8.4 高手秘籍

技巧 1——去哪里了解更多平台活动

商家如果想参加更多平台活动，可以登录各个平台的营销中心了解近期活动。例如，淘宝平台的"淘营销"、京东平台的"京东营销活动中心"等。如图 8-24 所示，为淘营销近期"行业营销活动"页面。

图8-24 "行业营销活动"页面

淘营销提供各行各业，各个时间段的营销活动，并详细说明活动规则和报名路径等内容。商家可根据自己店铺的需求和活动招商规则，参与到活动中去。其他平台的营销活动中心，也和淘营销类似，提供各行各业近期的热门活动详情。

技巧 2——同一个产品可以同时参加几个活动吗

某些商家急需处理库存产品，希望能尽快回款，所以为同一个产品同时报名参加几个活动。有时候会发现无法通过。实际上，商家在报名多活动时，如果其中任何一个活动的招商规则中没有提到不能重复报名，则可以同时报名；反之，则不能同时报名。所以，实际情况还以活动招商规则为主。

另外，有的活动招商规则即使没有规定不能重复，但同时报名对产品仍有影响。例如，淘宝平台的某个产品既报名了淘抢购，又报名了聚划算。但两个产品报名的 SKU（产品属性）不同，容易导致两个活动都无法正常发布。

所以，遇到产品一定要同时报名多个活动的话，一定要保证产品在活动中的 SKU 一致。例如，店内有款黑色大衣需清仓处理，但红色和白色暂时不参加活动。在报名活动时，最好先下架红色、白色产品，只留下黑色大衣。以此，保证活动正常有序的进行。

此外，同时参加多个活动，其售后压力也会远大于只参加一个活动，商家应根据团队情况来评估，不要让活动压力超出团队的处理能力，不然就会适得其反，遭到消费者投诉，甚至受到平台的处罚。

第9章

电商活动策划的核心内容

本章导读

　　电商活动，是每个店铺必不可少的营销方式。自主策划店铺活动的重点在于如何吸引消费者、转化消费者。为实现以上两点，商家在策划活动时，需要充分考虑活动目的、活动主题、活动类型及活动规则等。为了保证电商活动能更好地落地，商家在策划活动时必须遵循相应原则，如与主题相呼应原则、真实可行原则、借势原则、易参与原则等。此外，还要注意相关事项，才能更好地策划活动。

9.1 电商活动策划的基本流程

综观电商行业，发现影响力大且销量高的活动，都是通过精心策划、实践而来的。所以，商家在策划活动时，应根据店铺实际情况，通过如图 9-1 所示的流程，策划适合自己的活动。

明确活动目的　明确活动主题　找准活动人群　选择活动类型　估算活动成本　确定活动时间　设定活动规则　监测活动数据　分析活动效果

图9-1　电商活动策划的基本流程

9.1.1 明确活动目的

商家每参加或策划一个活动，都有自己的目的。常见的活动目的主要包括促销型和众筹型。前者主要用于宣传新品、处理库存；后者主要用于推广品牌和新品。

1. 促销型活动

促销型活动，顾名思义指的就是商家以产品促销为目的而推出的活动，如新品促销、节日促销、清仓促销等。商家在推出促销活动时，必须清楚促销力度、促销背景、促销时间及促销目的。

某款羽绒服推出反季促销，页面如图 9-2 所示。这个活动的目的在于反季节处理 2019年的羽绒服（库存产品）。

对于消费者而言，也能通过产品标题了解商家进行促销的理由（反季节处理库存产品）、促销的力度（原参考价 599 元的羽绒服现在售价为 99 元）。

2. 众筹型活动

众筹指通过互联网方式发布筹款项目并募集资金。产品众筹主要以产品预售＋团购的模式，加大产品曝光度，提升产品销量。通常，商家可以将需要众筹的项目发布在众筹网（例如，淘宝众筹、京东众筹），通过图文形式吸引消费者的关注及赞助。等项目资金筹集后，按消费者的出资情况，分发产品福利。

某产品在淘宝众筹发布一个项目，筹款详情如图 9-3 所示。该项目的目标资金为 50 000元；截至目前，已经众筹到 10 387 527.00 元。消费者根据众筹详情页面可知该电动牙刷具备哪些功能、优势，且支持该项目 59 元，可获得价值 79 元 ×× 品牌电动牙刷专用洁牙慕斯 1 盒；支持 129 元，可获得价值 169 元 ×× 品牌智能电动牙刷专用充电旅行盒 1 个等。

| 图9-2 反季促销产品标题 | 图9-3 某产品众筹活动页面 |

商家在策划众筹项目时,为吸引更多消费者的资金支持,应在活动详情页用精美的文字、图片及视频来描述清楚产品具有哪些优点。如图 9-3 中的牙刷众筹页面,就提到"开创万毛电动牙刷新品类""智能加持让刷牙更有趣""专利植毛工艺健康环保"等,吸引消费者主动给予资金支持。

当然,参加众筹活动的产品一般在功能、外观上比较新颖,比较能吸引消费者的关注并取得支持。所以,在日常生活中,常见的活动还是以促销型为主。还有一些实力较强的商家,也会策划内部活动来奖励员工、答谢员工、测试新品。

9.1.2 明确活动主题

每个活动都应有相应的主题,且整个活动要围绕主题开展。商家在策划活动时,首先要根据店内实际情况和发展需要来策划主题活动。例如,要策划活动来推广几款具备新功能的行李箱,那么活动主题就应该围绕"新品""新功能"来展开。

活动主题应简洁有力并具有吸引力,让消费者一看就知道活动能带来什么利益。如某服装在详情页发布了活动,页面图 9-4 所示。由于该产品标题中含"满 2 件减 5 元""庆两周年""清仓折扣"等关键词,消费者一看就知道该产品正在参与店庆活动,可以得到满 2 件减 5 元的福利。

图9-4 店庆活动主题产品详情页

商家策划活动不仅是为了引流、转化，有时也是为了曝光品牌、曝光新品等。例如，一些经营原创性产品的商家，策划活动不仅是为了销量而降低价格，而是从品牌推广的角度去刺激消费者转发、分享。

9.1.3 找准活动人群

参加不同活动的消费者，其购物特点也各有不同。例如，经常参加新品促销活动的消费者可能更喜欢追逐新品的款式；经常参加清仓促销活动的消费者则可能更喜欢价格上的优惠。故在策划活动时，应找准活动的目标人群。只有把活动推给有兴趣的消费者，才可能得到良好的营销效果。

要研究产品的消费者特征，可从"生意参谋"中进行查看，如消费者的年龄、性别、消费层级、新老客户占比等数据。例如，一家主营女性鞋包的商家在做一款斜挎包的访客分析时，发现其目标消费者年龄是 20 ~ 25 岁的女性，以大学生为主，分布在二、三线城市，消费层级主要在 0 ~ 40 元。这样的一个消费群体，平时喜欢在淘宝、拼多多等平台上网购；也很喜欢分享，在买到心仪产品时，会在朋友圈、微博上发布信息，也会直接推荐给身边的同学、朋友；此外，这个群体也很喜欢社交，平时喜欢浏览知乎、微博，观看抖音、B 站等。她们的自我标签以"90 后""音乐""时尚""情感"为主。

通过分析以上信息，这款挎包的目标人群画像已经很清晰了。在为这款挎包策划活动时，可以加入这个群体感兴趣的一些元素，比如音乐、时尚等。

9.1.4 选择活动类型

根据活动目的和主题可大致确定活动的类型和范围。但要进一步确定活动类型，商家应根据自己的经济实力、活动影响力等进行最优选择。

例如，商家在春季还有一批去年的羽绒服需要处理。可策划的活动包括：半价购买活动、8 折购买羽绒服活动、买新品赠羽绒服活动等。如何才能选择出最佳活动呢？具体情况可根据商家的需求来选择。

如果商家目前资金紧张，羽绒服库存压力非常大，半价处理羽绒服亏损也不严重，在这样的情况下，商家可以选择半价购买活动。因为羽绒服已经给商家带来了资金链的问题，采取半价的活动能快速售出产品，回笼资金用于订购新品或充作其他用途。

如果商家目前羽绒服库存不多，店内产品流量大且转化率可观，则可以把羽绒服放在首页显眼位置，并提示举办 8 折购买活动。因为对于商家来说，这款羽绒服能处理当然更好，不能处理留着冬季再卖也行，所以并不急于低价出清。而且由于进店流量大，羽绒服的曝光量也大，只需要给予一点折扣福利，就能达到理想的销售效果，还能带动店里其他产品的销量。

如果商家目前羽绒服库存不多，且有一批高单价原创新品上新，则可以考虑购买新品送羽绒服的活动。因为原创产品一般有自己的品牌故事和匠人精神，老客户群体也比较大。在推出原创新品时，可提高新品价格，赠送羽绒服。在推出这款新品时，应先唤醒老客户进店购买，让老客户既能体验新品，又能享受赠送福利，还能体会到商家对自己的关心。这对商家而言，也有诸多好处。例如，在无形之间提高了新品价格，后期盈利较多，也为新品获得第一批的销量和评价等。

9.1.5　估算活动成本

任何活动的开展都需要成本，线下活动需要租赁场地、布置会场等费用；线上活动则需要推广成本、让利成本等。当然，由于活动内容不同，所需的成本也有所差异。这就需要商家有丰富的成本估算经验。如果商家是新手，则可以多与运营人员沟通获客成本、转化成本等信息，即可估算活动成本了。

9.1.6　确定活动时间

对于电商活动而言，时间是一个核心关键。选择适合的时间做活动，会吸引更多消费者的参与和关注，也给消费者下单创造合理的理由。所以，很多电商大促活动也会考虑时间因素，如常见的618、"双十一"、"双十二"等等。除平台大促外，一些自己策划的店铺活动也要考虑时间因素，如春节、七夕节、国庆节、元旦节等。

以时间为理由做活动，是一种业界常态，更易得到消费者的认可。所以，在策划活动时，要考虑活动时间，以及说明选择这个时间的理由，使消费者积极地参与进来。

确定好活动时间后，还需要确定其他时间要素，如图9-5所示。

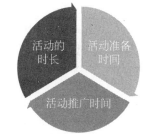

图9-5　需要注意的时间要素

- 活动准备时间。根据活动正式进行的时间来做准备工作，如仓管部门备货；客服部门培训；运营部门推广；美工部门优化产品等工作。这些工作需要一定的时间来完成。特别是大活动，需要提前 10 ~ 20 天进行准备。
- 活动推广时间。当活动敲定后，需要选择推广渠道、推广方法，以便把活动具体主题和规则展示给更多消费者。这个过程也需要一定的时间。
- 活动的时长。如果是参加大促活动，则由平台决定活动的时长。如淘宝"双十一"，由淘宝平台决定正式活动为 24 小时。但如果是商家自己策划的店内活动，则可根据实际情况决定活动的时长。比如抢购活动，可注明"产品有限，抢完截止"；如果是上新折扣活动，则可以设定 3 ~ 5 天的活动时长。

9.1.7　设定活动规则

想要取得一个好的活动效果，应该制定简单明了、具有吸引力且方便参加的活动规则。如唯品会线下门店微信群发布的近日活动，其规则就符合上述三个要点，如图 9-6 所示。消费者一看就知道，想要得到 2020 年新年台历一本，需要咨询店员获取密匙，并在 12 小时内邀请 5 位好友首次关注公众号。

商家应该尽量选择简单的活动方案，不要叠加过量的活动方案，否则在交易量较大的情况下容易产生纰漏，同时也会增加客服的工作量。

9.1.8 监测活动数据

要全面了解活动的效果，必须监测活动的多个数据，而不能只看成交订单数量。需要重点监测的活动数据如图 9-7 所示。

以上数据皆可通过生意参谋查看。监测以上数据，便于分析目前活动效果，如果出现问题，可及时采取补救措施。例如，某店铺在进行换季清仓活动的前 10 分钟，发现进店访客很多，但转化率却很低。经过分析得知，进店的访客大多是微信群引入的老客户。但此次清仓活动主要是店内老款产品，对老客户没有吸引力。

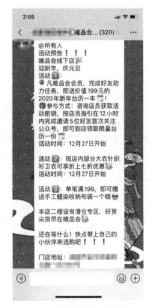

图9-6　某活动规则截图

针对此现象，运营人员建议为老客户开通新品享 8 折的专享活动。美工立刻在店铺详情页添加老客户专享海报。在活动进行到 30 分钟时，转化率就有了显著的提高。

网店基础数据：访问次数、停留时间、跳出率

流量来源数据：分析访客来源渠道

互动数据：产品的收藏、加购、转发等互动数据

转化数据：订单数、客单价、转化率等转化数据

图9-7　活动应重点监测数据

9.1.9 分析活动效果

随着活动时间的结束，可根据活动期间店内的整体流量、销量、收藏量、加购量等数据来分析活动效果。当然，还要根据活动所花费的推广费用、产品成本来分析活动所带来的经济效益。更要从活动中分析总结活动经验和教训，以便提升今后的活动效果。

9.2 电商活动策划的基本原则

在策划电商活动时，应遵循相应的原则，如主题主次分明原则、真实可行原则、借势原则和易参与原则等。只有遵循这些原则，在策划活动时才能达到事半功倍的效果。

9.2.1 主题主次分明原则

有的店铺可能同时策划多个活动，例如新品上新、库存清理、爆款热销等。但活动必须有主次之分。例如，某商家同时策划两个活动：新品活动和清仓活动。新品由于款式更具吸引力，产品周期也更长，所以折扣可以略高一些；清仓活动主要针对老款库存产品，款式方面不具优势，尺码也可能不齐，所以折扣可以略低一些。

通过以上信息，可以推算出此次活动主要是清仓活动，新品活动次之。所以，为吸引更多消费者留意到清仓活动，应把带有清仓活动理由及折扣的海报放在店铺首页最显眼位置。

9.2.2 真实可行原则

在策划电商活动时，必须从店铺的实际情况出发，遵循真实可行性原则。通常，判断一个活动是否具有真实可行性，主要从以下3方面进行分析。

- **可执行性**。分析活动利益与危害，选择利益大的活动；分析成本与效益，选择效益强和合法的活动。
- **实际操作性**。考虑人力、物力、财力等条件，分析活动是否能正常运行。
- **绩效性**。根据活动目的和规则，来预测是否能带来盈利。

早几年进入电商市场的商家对于刷单可能都略有所知，甚至有很多商家凭借刷单还取得了不少成绩。刷单是一个电商衍生行业，指的是商家付款请人假扮消费者，用虚假的购物方式来提高店铺的排名和销量，并获取虚假好评来吸引其他消费者。这本质上是一种欺骗行为。在目前的电商环境下，商家如果还想靠刷单活动来获得流量和销量，几乎不可行。因为现在的电商法明确规定禁止刷单。所以，商家在策划活动时，必须考虑是否合法，否则可能会付出巨大的代价。

9.2.3 借势原则

借势原则，就是利用内外部的有利条件来实施营销活动，让营销效果变得更好的原则。营销要借势，常见的方法有以下几种。

（1）**借大势**。借大势指客观事物在发展过程中所不能阻挡的如国家的战略和发展。例如，国家在推行环保公益项目时，如果商家能策划一个关于环保公益的活动，那就有可能吸引社会的注意，获得较好的营销效果。

　　某百货商家与某教育商家举办了一场公益活动，活动主题提到"用爱指引——妈妈带我做公益"，参与方式很灵活，可以捐书、捐钱或助力公益宣传。参与公益的爱心人士有机会领取福袋，如图9-8所示。

　　当父母带着孩子来参加活动时，教育商家也会现场宣传一些适合小孩子的亲子活动、兴趣班、技能培训班等，让父母和孩子在参与公益活动的同时，能对教育商家有基本的了解，成为潜在消费者。这就是典型的借势案例。

　　（2）借优势。借优势指的是通过了解掌握本店铺、本品牌的优势与竞争对手的情况来策划营销活动。例如，杜蕾斯作为一个拥有成熟的产业化布局的行业领导者品牌，有着销售渠道多、产品线领域广、品牌口碑好、创意玩法多等优势，可以满足众多用户的需求。2018年5月20日，杜蕾斯携手天猫超级品牌日，以"说爱简单点"为活动口号，开启杜蕾斯天猫超级品牌日。活动开启前的5分钟内，杜蕾斯官方旗舰店销售额就已突破100万；当日，官方旗舰店增粉量更是达到日常的20倍，销量翻了整整13倍。

　　（3）借热点形势。在信息时代，几乎每分每秒都有热点话题出现。在活动中加入热点内容，有利于提高活动的曝光率。例如，2019年3月8日，耐克借助妇女节的热点推出《管什么分寸》短片，并陆续发布女性主题海报及视频，内容紧紧抓住大众对女性偏见的特点，邀请著名运动员李娜读旁白，直击受众心灵。此次的活动短片和海报，促使耐克女性业务的营收高达73.8亿美元，同比增长11%。

　　热点话题可在新浪微博、百度搜索指数等地方查看。其中，2019年年末新浪微博热门话题如图9-9所示。

图9-8　为某百货商家与某教育商家举办的公益活动　　　图9-9　新浪微博热门话题

　　商家在使用借势原则时，须注意一些"雷区"，比如负能量的热点、违反国家法律法规或社会公序良俗的热点，都不要使用，这样容易给活动带来负面影响。

9.2.4　易参与原则

商家在策划活动时，应考虑消费者是否容易参与，越简单的规则、越简便的操作及越低的门槛，就越有利于活动的推广。例如，一些常见的活动操作就以转发、评论、关注小程序为主，因为这些操作简单，门槛也较低，随手就可参与。

但也有部分商家，在策划活动时，活动规则比较烦琐，所以参与的人数也比较少。例如，某食品商家在微博策划一个转发有奖的活动。活动规则为：转发活动海报并获得 10 个小伙伴评论的消费者，有机会获得价值 99 元的礼包 1 个，奖品共计 10 份。可是很多普通人的粉丝也只有几十个，其中有很多粉丝基本不参与互动，较难达到要求。所以，消费者即使对活动奖品感兴趣，但因为考虑到自己达不到要求，所以直接就不参与了。

因此，商家在策划活动时，应注重活动是否容易参与，对于活动规则、操作和门槛应反复衡量，确定无误后再推出活动，不然可能会出现花了活动经费，但是效果差强人意的结局。

9.3　电商活动策划的注意事项

商家在策划活动时，还应注意一些事项。例如，为扩大活动影响力，可以对活动进行预热，以吸引更多的参与者；根据以往活动经验，应提前做好应对突发状况的工作等。

9.3.1　活动预热

活动预热是指活动正式执行前的传播造势，让活动预先达到一定的热度。例如，每年的"双十一"活动，一般都会提前以盖楼、预售等方式来预热活动，让消费者提前进入活动的氛围，到活动当天才能爆发出巨大的交易量。因此，对于商家而言，活动预热有着重要作用。

1. 吸引更多参与者

活动参与者的数量影响着活动效果，参与者越多，则效果可能越好。活动预热就是通过提前告知的方式，告诉消费者具体哪天有什么主题的活动，用奖品、福利等内容，吸引更多消费者参与进来。

例如，淘宝和天猫平台在每年 11 月 11 日当天都会举办活动，但每年都会提前进行活动预热。例如，2019 年的"瓜分 20 亿双 11 无门槛红包"活动时间为：2019 年 10 月 21 日—11 月 11 日，其间，淘宝、天猫用户登录淘宝 App，进入"天猫双 11 合伙人全面开喵铺，瓜分 20 亿红包"活动，通过完成任务可领喵币，通过喵币可赢得红包，而所得红包可以在"双十一"当天使用。这个预热活动吸引了更多的消费者关注"双十一"，让"双十一"当天的活动变得更加火爆。

2. 判断活动是否有吸引力

进行预热活动，有利于商家判断活动是否有吸引力。如果预热效果极佳甚至超出预期，则判断活动受欢迎；如果预热效果不佳，没有很好的响应，则可能判断活动本身不够吸引人，或者规则太麻烦。针对这种情况，商家应在总结经验后及时调整计划。

预热活动加上各种有噱头的因素，可以引起消费者对活动的兴趣，增加消费者的热情。有的消费者还会因为认同、炫耀等心理，自发进行二次分享、转播，为活动带来更多曝光。

例如，某珠宝品牌在 2018 年 10 月推出"爱恋锦鲤"活动，奖品是价值 10 万元的珠宝美妆产品。微信用户扫描活动二维码即可关注官方公众号，进入抽奖小程序点击"参与抽奖"，并将活动海报转发至朋友圈即可。正是由于活动奖品价值诱人，而参与门槛又很低，因此很多用户纷纷参与，按照规则转发活动海报至朋友圈，从而又吸引了更多用户的参与。

在开奖的前几天，该公众号发出公开声明，提及该活动由于参与人数过多，导致活动二维码暂时不支持扫码关注，如图 9-10 所示，出现不能扫码关注的情况后，商家也站出来说明参加活动的用户不受影响，中奖结果公布后，中奖者仍可领取大奖。根据"爱恋锦鲤"活动公开声明来看，活动十分有吸引力，甚至已经超出商家预期。最终，这场活动历时 166个小时，参与人数超过 120 万。

3. 营造活动氛围

营造活动氛围在线下活动中比较常见，例如，年会、周年庆等活动，都会找一些能说会道的主持人进行现场互动，营造出热闹非凡的活动氛围，吸引更多消费者关注。这点在线上同样适用，因为人总是喜欢热闹的场合。

所以，线上活动一般也会用倒计时、秒杀等方式营造出紧张、急促、刺激的氛围，刺激消费者的参与。如某美妆商家在微淘发布的活动预告中提到"12 月 31 日 9 点，限量 1000 份，¥19.9 享万千垫爱神仙水 30ml"，如图 9-11 所示。这就是用限时限量的方式，营造活动热闹氛围的案例。

图9-10 "爱恋锦鲤"活动公开声明

图9-11 某美妆产品的微淘预热活动页面

中小商家在预热的早期，可以先让公司内部人员、员工亲朋好友等帮忙扩大活动的曝光范围，营造活动气氛。至于活动预热的渠道，可以选择淘宝站内的论坛、微淘、直播，或选择淘宝站外的微信、微博等平台，这样预热要比从零开始快很多。

9.3.2 应对活动出现的状况

活动在进行的过程中，可能会遇到各种各样的状况。如果不能及时有效地处理这些状况，可能影响活动整体效果。商家可能遇到的状况和解决方法如图9-12所示。

图9-12 商家可能遇到的状况和解决方法

1. 客流量大导致服务差

活动期间，进店流量大，消费者可能遇到的问题较多，需要咨询客服。如果客服没有接受过专业训练，容易出现回复慢、回复错等情况。所以，商家在活动落地之前，应该对客服进行专业的产品培训、活动培训，并能灵活使用自动回复等技巧来提升回复速度，给消费者留下好印象。

2. 销量多导致发货不及时

买家在下单后，都希望能尽快收到货物。但在活动期间，因为销量迅猛增长，可能导致原有的库房人员即使长时间加班，也不能及时发货。针对这一情况，商家应提前通知库房做好发货准备。必要时，可以在活动期间，招聘几名兼职人员协助发货。

3. 退换货问题超时

很多活动的现状是销量高，退换货的订单数量也高。而且有的买家在提交退换货申请后，得不到回应就喜欢选择投诉商家。所以，商家应在活动期间，设立专门的退换货岗位（如果原来就有该岗位，则可以增设工作人员）来处理买家的退换货问题。这样，既能给买家留下良好的店铺形象，也能避免因被投诉而带来的不利影响。

9.3.3 经验总结

活动策划者在活动结束后，应根据活动具体内容写一份活动总结书，便于分析、总结此次活动。活动书的内容如图9-13所示。

- **活动背景**。策划活动的原因和主题，以及达到的目标效果等。
- **活动过程**。经历的几个重要阶段，如策划阶段、预热阶段、进行阶段、结束阶段等。

图9-13 活动书的内容

- **活动效果**。达到了什么样的活动效果，如因为活动引入的访客数、成交量等。
- **存在问题及建议**。根据活动中出现的问题，如参与人数少、转化率低等问题，给出改善建议。

商家应把每次的活动报告书都妥善保管起来，可在策划其他活动之前进行参考，改进之前活动中存在不足的地方，保持活动中吸引人、互动性强的环节。

9.4 高手秘籍

技巧 1——活动期间如何装修首页

线下商家策划活动前，往往都会在店内装饰一番，营造活动氛围。这一点，在线上活动中同样适用。就连平台大促时，其活动页面也是红红火火的喜庆色。故商家在活动前，一般都会重新策划首页，重点放置热门促销活动信息及有利于跳转的超级链接，以提高产品的转化。

某保健品商家于2020年春节推出活动，部分活动页面如图9-14所示。通过图片可见，首页上方用"0元入会领福利""10元""买2送2"等具有吸引力的文字，吸引消费者点击。大幅海报配以大红色和黄色，以及"金鼠贺岁""2020"等文字，营造春节氛围。

图9-14 某保健品2020年春节活动部分页面

> **提示** 在中国，喜欢用红色或艳色来表现喜庆的日子。因此在活动期间，可以适当加入相应更多的喜庆元素。即使部分店铺平时走素雅风或小清新风格，也都可以在"双十一"活动前后，换换"面孔"。

商家在活动期间装修首页时，除了营造热闹的活动氛围外，还应策划好相应的店铺导航，使消费者在进店后，能快速点击感兴趣的产品。例如在图9-14中，针对不同人群，给出了如"感恩父母""元气女神""魅力男神""聪明宝贝""幸孕妈咪"等分类导航，非常方便各类消费者。

除此之外，装修还应突出活动的促销主题，重点展示产品与促销信息，并反复在多页面进行展现。该保健品商家在其他页面针对不同人群推出不同促销产品，并用"拍1发4""拍1发7""到手价99元/3瓶"等促销信息，反复刺激消费者，促成更多的交易。如图9-15所示。

为了进一步刺激消费者下单转化，还应在首页中放置活动具体规则，该保健品商家在首页中放置了4个活动规则，如图9-16所示。在这里，消费者可以方便地看到所有活动规则。

图9-15　反复展示的促销页面

图9-16　活动规则页面

考虑到活动的灵活多变性，商家可在活动前策划出多套装修方案，通过活动点击率、转化率等数据测试，选择出最佳的方案。商家还可以准备多套装修方案，分别在活动前期、活动中期以及活动后期装修，使店内氛围与节日活动进程更为匹配。

技巧2——活动前的客服培训

客服是从事网店活动服务消费者的一种工作形式，主要为消费者解答售前、售中、售后问题，全程负责顾客关系管理等。在促销活动中，由于进店消费者数量较多，需要咨询的问题也比较多。例如，消费者看到满减活动和折扣活动，不知道这两者是否能同时使用，就需要咨询客服。如果消费者长时间得不到回应，可能就自动流失了。所以，在活动正式开启前，应对客服进行培训。

一般来说，在活动开始前的一个月就需要编制客服专用的活动手册。活动手册的内容主要包括活动形式、活动主题、活动内容、活动规则及活动产品细节等。编制手册的目的是让客服了解此次活动的内容、方案及产品，以便在活动期间能快速回答消费者。

就客服培训内容而言，主要包括以下3个方面。

（1）产品培训。客服只有自己了解产品、认可产品，才有可能把产品推荐给消费者。

所以，在活动开始前，主管应集中培训客服牢记热销产品的属性、材质面料、功能卖点等信息。必要时，把消费者常提的问题整理出来，设置自动回复。例如，很多消费者都曾提问某款黑色连衣裙是否褪色，主管可以指导客服们先把这个问题的答案设置成自动回复，当消费者再提问时，即可迅速做出应答。

（2）规则培训。规则对于一个活动而言十分重要。有时候，正是因为客服误解了一个小规则，引发消费者与商家之间的矛盾，甚至导致平台介入，判定商家违规。所以，在活动前，主管还应加强培训，确保客服能正确理解发票规则、退换货规则、付款规则等内容。

（3）心态培训。活动期间，咨询量较大，其中不乏态度恶劣的消费者，客服很容易忙中出错或忙中发脾气。针对这些情况，客服主管应先对客服的心态进行培训。例如，培训企业文化、团队精神、拼搏精神、绩效奖金等内容，让客服们知道努力就会有收获，犯错就会有惩罚，从而调整好心态，认真对待即将到来的活动。

部分企业，会在活动前外聘临时客服。针对这类客服，更要进行全方位的培训，保证活动有序进行。

案例——策划"双十一"活动引流量

2017年年初，小赵夫妻俩从沿海回到了老家，照顾双方年迈的父母。由于两人之前都在网店打工，具有一定的网店经营经验，因此夫妻二人决定在老家开设一个服装店，作为生活来源。

该店铺主营韩风女装，价格定位中等偏下。经过一年多的发展，店铺规模逐渐壮大，有了较为完善的办公设备和优秀的团队。因此，在2018年"双十一"来临之际，夫妻二人决定策划一个"双十一"活动。除了报名官方"双十一"活动外，他们还策划了店铺活动。活动目的、主题和类型，如图9-17所示。

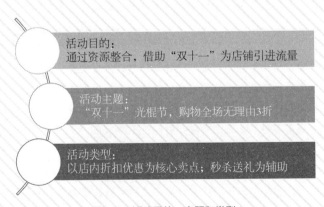

活动目的：
通过资源整合，借助"双十一"为店铺引进流量

活动主题：
"双十一"光棍节，购物全场无理由3折

活动类型：
以店内折扣优惠为核心卖点；秒杀送礼为辅助

图9-17　活动目的、主题和类型

在策划活动前，小赵通过生意参谋查看店内访客特征，发现客户主要集中在

18～30岁的大学生和办公室一族。这个群体喜欢追逐时尚，平时喜欢K歌、玩游戏、逛微博等，最感兴趣的话题包括八卦娱乐信息、社会热点及情感类信息。

由于店铺实力较弱，付费推广效果无法预估，所以小赵决定采用免费的微博、微信和抖音营销。在微博和微信上直接发布带有二维码的海报，吸引消费者扫一扫进入店铺活动页面；在抖音上则邀请达人拍摄与产品相关的短视频，放置产品超链接，以及语言引导消费者进店。

活动策划流程如图9-18所示，主要分为5个步骤。

10月11—16日	·收集推广所需资料，包括微博、微信推广所需素材，联系达人谈合作等。为提高客服工作效率，在这期间培训活动产品知识、快捷回复话技术等
10月17—31日	·开始在微博、微信等平台发布活动预热信息，配合达人拍摄产品短视频
11月1—5日	·微博开始有奖转发活动；微信开始评论有礼活动，抖音开始发放5元优惠券
11月6—10日	·为表示活动真实有效，在各个平台分享中奖活动信息。并在各个推广渠道发布，"双十一"当天进店礼品丰富
11月11日	·通过收藏领券、关注店铺有好礼、抽奖赢免单、邀好友参与抽奖等活动，引爆店内流量

图9-18 活动流程

"双十一"活动当天，部分活动规则如下。

- 抽奖赢免单。单次购买满100元可获一次抽取免单机会。消费金额越大，中奖机会越大。
- 邀请好友参与抽奖。将抽奖活动页面发送给好友参与抽奖。邀请好友的消费者有机会获得价值999元的神秘礼物，该奖项共20个名额；被邀请的好友有机会获得价值99元的神秘礼物，共计100个名额。所有中奖者，将在7日内公布，并发出礼物。

在活动进行的过程中，小赵要求美工做好店铺优化工作，包括首页海报、店招、产品详情页及产品主图等，以"双十一"为主题，营造出购物狂欢的氛围。他还要求客服通过发送短信的方式唤醒老客户，以及要求库房提前做好盘点工作，确保库存准确，避免缺货等工作。

活动后分析数据，店内"双十一"当天共达成492万元的交易额，几乎是去年6个月的总销售额。活动流量大多来源于微博和抖音，其中抖音消费者较为精准，转化率达到5%。活动后，经讨论发现部分特价产品图片效果不够精美，点击率和转化率都比较少。所以，策划产品活动图片，将是今后改善的重点。另外，由于成本的问题，此次活动没有使用付费推广，今后会逐渐尝试直通车、钻石展位等推广方式，为活动吸引更多流量。

第10章

电商营销活动策划实战技巧

本章导读

　　电商商家除了参加一些平台活动外，也可以自行策划营销活动，如常见的指定促销活动、赠送类促销活动、另类促销活动、组合促销活动等。商家在策划活动时，应掌握各种技巧，以及熟悉创建活动步骤，这样才能策划出高质量的营销活动。

10.1 电商营销活动有哪些

电商活动的种类是多种多样的，常见的电商活动大致可以分为回报式、纪念式、亏本式等 15 类，如图 10-1 所示。

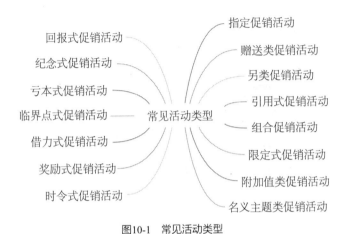

回报式促销活动
纪念式促销活动
亏本式促销活动
临界点式促销活动　　常见活动类型
借力式促销活动
奖励式促销活动
时令式促销活动

指定促销活动
赠送类促销活动
另类促销活动
引用式促销活动
组合促销活动
限定式促销活动
附加值类促销活动
名义主题类促销活动

图10-1　常见活动类型

10.1.1　指定促销活动

指定促销指的是对指定产品或对象赠送礼物的促销方式。在日常生活中，常见的指定促销包括：指定产品促销，如买鞋子送袜子；指定对象促销，如先购买者(下单前 30 名)享折扣；指定角色人群（粉丝）享折扣；新老客户享折扣；等等。

某款饼干推出粉丝专享价促销活动，其页面如图 10-2 所示。根据该产品的名称和价格显示，该产品促销价格为 118 元，年货价为 115 元，但如果关注商家微淘可享 109 元的粉丝专享价。

图10-2　粉丝专享价促销页面

随着淘宝直播的兴起，很多促销产品还设定了"直播间专享价"，以吸引更多消费者进入直播间。

10.1.2　赠送类促销活动

赠送类促销指的是通过向消费者赠送产品，来吸引消费者关注产品性能、特点、功效等信息，达到促进销售的目的。常见的赠送类促销包括礼品促销和惠赠式促销，如买一赠一、送红包、送积分等。

某款酒推出买一赠一的活动，其页面如图10-3所示。可以看出，花费188元购买产品，可以享受买一赠一的优惠，实际得到2瓶酒。这对消费者而言是非常具有吸引力的。

图10-3　买一赠一促销页面

10.1.3　另类促销活动

另类促销指的是避开传统促销惯用技法，采取独树一帜的促销方法。例如：不标价或猜价格的悬念式；只卖贵的或坚决不打折的反促销式；绝版、独家等稀缺性促销；等等。其中，稀缺性促销主要是抓住消费者"物以稀为贵"的心理做促销。这种促销有如下优点。

- 使产品在消费者眼里更具吸引力，从而提升消费者的购买欲望。
- 因为稀缺，有可能成为大众焦点，给品牌做宣传。
- 消费者在等待稀缺产品时，有可能购买店内其他替代产品。

日本任天堂公司曾采用限制供应的办法，营造游戏卡缺货的现象，巩固了自己在游戏销售市场的位置。特别是在1988年圣诞节，零售商向公司定了11亿张游戏卡，但公司只提供了3.3亿张。正是这种稀缺性激发了更多消费者的需求，使公司后期的发展状况更为良好。

在电商活动中，也常见"限量发售""独家经营""福袋"等营销活动，如某款文具盲盒就使用了"福袋"营销活动，如图10-4所示。

图10-4　某款文具盲盒详情页面

> **提示** 所谓的文具盲盒，就是不说明包裹里具体有什么文具，可能是可爱的笔记本，也有可能是进口钢笔、铅笔，还有可能是其他小礼物等。保密的目的是给消费者营造出一种神秘的感觉，吸引消费者购买。

福袋、福箱的含义也与盲盒类似，都是指不说明具体内容的产品，消费者购买这类产品，主要是为了试试运气。由于其内容不确定，所以有可能为消费者带来意外之喜，因此这类产品颇受部分消费者的喜爱。使用福袋、福箱与盲盒的方式来销售产品，也算是一种比较另类的促销活动。

10.1.4 引用式促销活动

引用式促销指的是以产品的卖点、特性等进行效果对比或好友推荐款等方式突出产品的性价进行促销。如图10-5所示，耳熟能详的盖中盖广告词，就用了前后对比来突出产品效果好。

图10-5 盖中盖广告词

在电商中，常见的引用式一般体现在某某用了都说好、同事推荐、某某明星同款等方面。在现在的电商环境中，出现的网红店铺、网红产品，也都是通过网络红人的口碑来销售产品。例如，知名网络红人李佳琦，在直播和短视频中提及的产品，往往能受到粉丝的追捧。

10.1.5 组合促销活动

组合促销其实是去库存产品的一种方法，即把将库存积压产品和热销产品进行巧妙的搭配，通过合理的店铺陈列，用热销产品来带动库存积压产品的销售，同时对热销产品的销量也有一定的帮助。

在电商中，常见的组合促销方式包括搭配促销、连贯式促销等。常见的搭配销售如衣服搭配鞋帽卖；连贯式促销如第二件半价等。一个典型的第二件半价活动的页面如图10-6所示。从详情页中可以看出，该产品一件价格为49.9元，第二件可以享受半价购买福利，也就是两件价格为74.85元，平均一件只要37.43元。

图10-6 释迦详情页面

采用组合促销活动的方式，可以使消费者在多购产品后得到价格上的优惠，从而刺激消费者购买更多产品。

10.1.6 限定式促销活动

限定式活动指的是限时或限量购买产品，可以获得优惠。新品上新时，比较适合采取限量发售的形式，吊足消费者胃口，扩大品牌知名度。也可在清理库存产品时，采用限量的方式，吸引消费者抢购。

某漫画家原创设计的包包推出了限量发售活动，其页面如图10-7所示。商家在标题中加入了"鼠年""原创"等吸人眼球的元素，并用"限量发售"来刺激消费者迅速下单。

图10-7 限量发售包包详情页面

因为消费者对产品有兴趣，在限量、限价的刺激下，更容易下单。当然，这种限量发售的产品往往需要与"原创""独家"等因素相关。如果是市面上随处可见的产品，商家采用限量发售是没有意义的，因为消费者可以去别家购买，除非价格上有较大的优惠。

10.1.7 附加值类促销活动

附加值类活动指的是商家围绕促销产品展开隐性服务，以此提高产品的使用价值的一种促销方法。例如，购首饰终身免费清洗、购电脑赠送三次免费上门维修服务等。总的来说，就是提供额外价值，刺激消费者下单购买。

某款打卡机就推出了"终身保修""包教包会"的附加值，如图10-8所示。

图10-8　打卡机详情页面

考虑到打卡机需安装测试等问题，商家还在详情页中提到"支持电话、QQ、旺旺等多渠道解决消费者的问题"，以及终身维修的服务，这些都是促进消费者购买的附加值。

10.1.8　名义主题类促销活动

名义主题类活动指的是以某某名义而展开的活动。例如，常见的首创式活动"某某首发"，主题性活动"感恩回馈"及公益性活动和配合平台主题活动，如"双十一"、聚划算等。这些活动就是找到与品牌相关的点，去策划相关活动来吸引眼球。如一款鞋子以"感恩回馈"名义推出促销活动，其页面如图10-9所示。

图10-9　感恩回馈名义的产品详情页面

对于商家而言，可能本来也需要在冬末春初处理冬季棉鞋，但是加上"感恩回馈"的名义，给消费者营造出一种更人性化、更暖心的感觉，进而刺激消费者购买。因此，商家在策划活动时，应尽量找到具有吸引力的名义。

10.1.9　回报式促销活动

回报式活动指的是采用免费试用、满减金额、拼单折扣、按额返利等方式进行促销，使消费者感受到实惠，从而下单购物。回报式活动对于新老消费者都具有较大的吸引力。

例如，拼多多平台常用的拼购式活动，就是回报式活动。如图 10-10 所示，为拼多多平台某款毛衣产品详情页面。根据页面，该毛衣原价 69 元，但在年货节期间，2 名消费者拼单购买，可享受 27.14 元购买的价格。不仅如此，新人还能享有退货包运费、100% 成团、优先发货等特权，这些都是吸引新客下单的举措。

对于老客户而言，如果有信任背书在前，拼单价格的优惠也能刺激他们回购。这种拼单方式不仅限于拼多多平台，在淘宝平台、苏宁易购平台及京东平台上也屡见不鲜。

图10-10　拼多多平台拼单产品详情页面

10.1.10　纪念式促销活动

纪念式活动指的是以特殊的节日、纪念日等方式推出促销活动来吸引消费者。例如，常见的 618、"双十一"、年货节等，都是以节日为理由推出的活动；还有常见的周年庆活动，则是以纪念日为契机推出的活动。这种以特殊日期为由的促销方式，贴合消费者的心理，较能为消费者所接受。

到了平台大促的纪念日促销活动时，商家也可报名加入平台大促中。例如，2020 年，天猫年货节正式活动时间为当年 1 月 6—10 日。天猫年货节海报的下拉活动页面如图 10-11 所示，其中多个服装类目产品低至 5 折。在大促期间，平台还推出多家店铺产品满 300 元可减 30 元的优惠政策。在多种福利的刺激下，平台整体销量得到了极大的提高。

图10-11　天猫年货节海报

平时，商家可以根据自己店铺实际情况策划纪念式活动，如店铺开业 3 周年庆，全店享 8 折，或每月 18 日为会员日，当日全店产品 8 折等。

10.1.11　亏本式促销活动

亏本式活动指的是暂时把产品定价设置为低于成本价格，达到短期内快速提高销量、打响品牌的目的。亏本式促销活动有多种类型，如"1元购""9.9元场"及唯品会的特价式活动等。某个日用品店铺推出"1元购"活动，页面如图10-12所示。其中多款产品仅售1元，且活动涵盖了调料碟、鞋垫、花瓶等多个产品。为了刺激消费者购买多个产品，商家还在店铺首页中标明：全店满18元包邮。消费者在低定价产品的诱惑和包邮的刺激下，往往都会在店内选满18元的产品。

图10-12　"1元购"活动页面

采用亏本式活动的商家，前期可能面临短暂的资金压力，所以，商家要做好充足的资金准备；同时，在策划定价活动时，要考虑到后期如何盈利的问题，如怎样促进消费者进行二次消费等。

10.1.12　临界点式促销活动

临界点式活动指的是商家以将价格降低或打折到一个相对的极限来吸引消费者的活动方法。例如，常见的"低至1折""10元封顶"等活动就是典型的临界式促销活动。某款真皮女包推出低至1折的活动，其页面如图10-13所示。低至1折的活动价格，最终吸引了不少的消费者下单购买。

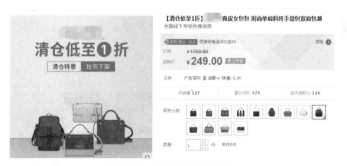

图10-13　低至1折活动页面

临界点式活动一般需要与其他活动相配合，如在上述案例中，产品打折的主要原因是清仓。对于消费者而言，商家不能毫无理由地打折，否则可能导致不必要的质疑。

10.1.13　借力式促销活动

借力式活动指的是以时事新闻、明星八卦等消息为切入点，策划借势营销活动。如常见的宣传明星同款、红毯同款、某某大会赞助商等产品，就属于借力式促销活动。

某款赞助CUBA（中国大学生篮球联赛）、CBA（职业联赛）的袜子在产品标题中加上了CUBA和CBA关键词，如图10-14所示。当消费者搜索CUBA、CBA等关键词时，这款袜子就能得到展现，喜欢CUBA或CBA的消费者可能就会"爱屋及乌"地购买这款袜子。

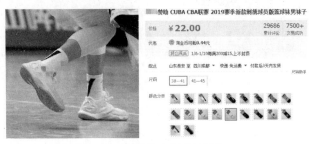

图10-14　某款赞助产品活动页面

借力式的应用比较广，例如在"双十一"大促前后，再用"大促预热""双十一余热""双十一返场"等关键词，策划相应活动。

10.1.14　奖励式促销活动

奖励式活动指的是采用抽奖、互动及优惠券的方式，吸引更多消费者参与到活动中并得到相应的优惠的活动方法。例如，常见的购买抽奖、收藏有礼、签到有礼等。奖励式活动都属于奖励式促销活动，这类活动可以强化品牌形象，提高消费者了解产品的兴趣。

为某店铺首页在右上侧标明"收藏店铺，领取5元券"就是一个典型的收藏有礼活动，如图10-15所示。消费者只需要根据提示，在手机端或电脑端，收藏该店铺，即可领取一个5元券。

图10-15　某店铺首页

如果是在微淘或微信平台举办活动，还可以使用评论有礼、分享有礼等奖励方式。如图10-16所示，为某商家的微淘信息页面。该商家在微淘信息中推出上新信息，并提到"关注账号并评论本条内容，即有机会赢取满 999 元减 300 元优惠券 ×5"的信息。

无论是新客户还是老客户，看到优惠券的信息都可能会抱着试一试的态度去关注、评论。在这个过程中，客户或多或少会对产品产生一定的了解，这也就增加了他们购买产品的可能性。

10.1.15　时令式促销活动

时令式促销活动指的是以季节为理由进行的促销活动，如常见的反季清仓、冬装热卖、春装上新等活动。某款羽绒服推出了反季清仓活动，如图 10-17 所示。很多消费者在评论中提到"划算""性价比高""再次购买"等信息，说明消费者对该产品的价格和质量都很满意。

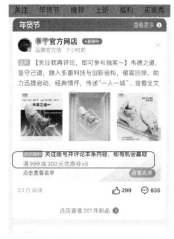

图10-16　某商家的微淘信息页面

图10-17　某款正在反季清仓销售的羽绒服页面

当然，一些热卖中的产品，也可以策划当季热销的活动。例如，7—8 月正是石榴成熟的季节。商家可针对石榴策划一个当季热卖的活动，吸引更多消费者进店、转化。实际上，电商活动远不止上述的类型，商家可根据自己的实际情况去策划更多的活动。

10.2　电商营销活动的策划技巧

商家在策划电商营销活动时，要摒弃千篇一律的活动模式和规则。商家应找准目标消费者，根据他们的兴趣爱好，测试出他们喜欢的活动。为吸引更多消费者参与活动，策划时更要注重产品创新、环节创新、模式创新及合适的折扣优惠。部分有影响力的商家，在活动中应注重传播概念，建立属于自己的节日，在消费者心中留下深刻的印象。

10.2.1 了解需求

一个效果好的活动离不开人气，活动人气越旺，越可能吸引更多消费者参与；而参与的人越多，才越容易达到好的活动效果。不过，也有的活动虽然初期能聚集起不少人气，但跳失率也很高。这可能有两个方面的原因：奖励力度不够大、活动流程太复杂。所以，商家在策划活动时，要充分了解目标消费者的需求，并尽量满足他们的需求，才能做到"能吸引，能留住"。

1. 找准目标消费者

商家在策划活动之前，应先找准目标消费者。毕竟，不同的活动带来的消费者群体也有所差异。例如，清仓特价活动所吸引到的消费者，更看中活动产品的价格；产品上新活动所吸引到的消费者，更看中活动产品的款式和功能。

在生意参谋平台中，可以看到具体某个产品的目标消费者的信息，如地域、年龄、性别、消费层级、新老客户、行为分布等信息。例如，某护肤品的目标消费者主要以 20 ~ 25 岁的女性为主，主要分布在北上广等一线城市，消费层级集中在 50 ~ 100 元。通过这些信息，可以进一步分析这些人群的兴趣爱好及购物行为，例如她们经常出没于微博、小红书、抖音等平台；购物时更看重产品的性价比，喜欢分享好物。那么，商家在策划某款护肤品活动时，就要加入这些人群喜欢的元素。

小红书在上线之初，只是一个单纯的购物笔记分享社区，但随着跨境游市场的发展和有效的推广，已经吸引大量年轻女用户注册。女性用户喜欢逛街购物，也喜欢在购买国内外护肤品的同时分享好物。某护肤品的目标消费者与小红书的用户高度重合，故该商家在小红书设置某活动，活动页面如图 10-18 所示。通过活动规则可见，该活动的主要操作为点赞、收藏、评论等，门槛很低，方便参加，吸引消费者参与晒单，从而使产品获得更多曝光量。

根据数据显示，上述案例中的活动共获得 1279 个赞，945 个收藏及 1287 条评论。而且已经下单的消费者，还可以通过晒单活动，获得定制保温杯。

2. 了解目标消费者喜欢的活动

在找准目标消费者后，可以根据基本信息分析消费者喜欢的活动形式，包括活动的优惠措施、下单方式和支付方式等。例如，某主营非品牌日用品的商家，目标消费者主要以分布在三、四线城市的中年妇女为主，她们几乎不用淘宝、天猫等平台购物，也没有开通支付宝。

针对这些情况，商家策划了如图 10-19 所示的拼多多活动。首先，这款卫生纸的活动价格为 9.9 元 14 包，有价格优势；其次，该活动依附拼多多，支持微信支付。即使是不会使用淘宝、天猫，没有支付宝的消费者，也可以在微信中进行支付，而该活动又主要是通过微信朋友圈进行扩散的，这就为消费者创造了一个良好的闭环，下单购物的消费者自然就多了。

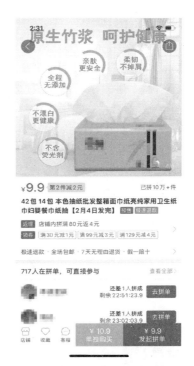

图10-18 小红书平台某护肤品牌的活动页面	图10-19 拼多多活动页面

3. 测试活动流程

如果活动优惠力度够大，投放平台也比较精准，但转化率仍然不高，这可能是因为活动流程存在着一定的问题。

例如，有的活动需要进入 H5 小页面，但当消费者识别二维码后，却无法进入活动页面，导致消费者跳失了。还有的活动规则比较复杂，页面上又没有留下客服联系方式，消费者对规则有疑问时却无法联系客服答疑，在这样的情况下也会造成消费者流失，有的消费者看到规则过于复杂，难以理解，甚至就直接关闭页面退出了，这样的情况也屡见不鲜。

为避免上述情况发生，在策划活动时应充分测试，确保不出现技术事故，并尽量简化规则，安排好客服答疑等工作。

10.2.2 活动创新

创新，是指以新思维、新发明和新描述为特征的概念化过程。例如，我国最初的支付方式只有人民币，发展至今，衍生出银联、支付宝、微信等方式，从而导致了很多新的经济形态与增长点。活动策划也是如此，如果商家策划的活动翻来覆去只有那几种，时间一长就会被消费者抛弃，也就很难取得良好的促销效果。因此，商家在策划营销活动时，也需要创新。

电商活动创新包括产品创新、活动环节创新及模式创新 3 个方面，如图 10-20 所示。

1. 产品创新

很多商家，为了使消费者对产品有新鲜感，选择对产品进行创新，如包装创新、功能创新等。例如，农夫山泉针对不同消费者，策划了多个系列产品，如婴儿饮用水系列、维他命水系列、果味水系列、茶 π 系列、打奶茶系列及学生饮用水系列。针对每个系列，都设计出具有鲜明特征的包装。

其中，农夫山泉婴儿饮用水系列产品还在包装与功能上同时进行了创新，并在一幅宣传图中展示了婴儿父母分别抓握饮用水的使用场景，消费者可以看到该产品不仅改变了包装外形，还据此增加了实用功能，如图 10-21 所示，显得更加人性化，更加贴近生活，也因此更受年轻消费群体的喜爱。

人性化瓶身设计方便爸爸妈妈使用

图10-20　电商活动创新三个方面　　　　图10-21　农夫山泉婴儿饮用水系列产品图

针对学生饮用水系列，农夫山泉特邀了插画师设计长白山春、夏、秋、冬主题的包装，应用比喻、拟人等修辞手法的文案，营造出引人入胜的心理效果，如图 10-22 所示。

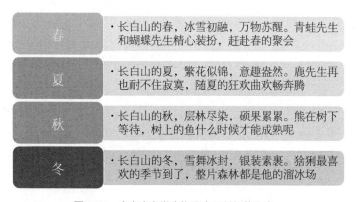

图10-22　农夫山泉学生饮用水系列包装文案

除了包装创新外，有的产品也会进行功能创新。例如，现在越来越多的人开始注重养生，因此有的商家设计出带有温度显示及提醒功能的保温杯，提醒消费者有规律地饮水，保持身体健康。

2. 活动环节创新

在电商活动中,融入一些新元素、新技术,使得活动更具吸引力。例如, 随着分期付的支付方式问世以来,很多活动产品支持分期付款。如图 10-23 所示,为华为某款手机分期付款页面。

从图 10-23 中可以看出,该手机可分为 3 期、6 期或 12 期付款,可以 0 首付、0 利息购买。这直接刺激了一些喜欢产品而经济紧张的消费者下单购买。所以,商家在策划活动时,应顺应时代的变化,对活动环节进行创新。

部分新手商家没有活动策划的经验,喜欢照搬同行商家活动。但如果想被消费者记住,必须在模仿的基础上进行创新。而且,创新必须合法、合理、合情。

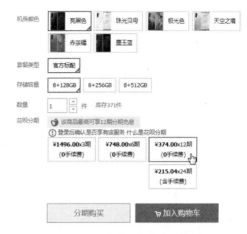

图10-23 华为某款手机分期付款页面

商家在遵循体现创新性原则的同时,还应注意以下事项。

- **创新时效性**。创新应注意时效性,因为有的内容在当下比较流行,但过段时间可能就不流行了。

- **不易被模仿**。如果千辛万苦研究出的创新内容,能被同行轻易地模仿,那自己的活动热度保持的时间可能就比较短,因此创新应具有一定的难度与独占性,才可以避免被迅速模仿。

- **创新不夸大**。有的商家为了增强活动效果,刻意夸大活动礼品或夸大产品功能。这样易引起消费者误会或监管部门注意,给自身带来不利影响,反而与活动的初衷背道而驰。

3. 模式创新

活动模式也是重要的创新点,新的活动模式可以给消费者带来新鲜感,甚至能够掀起热潮。例如,随着淘宝直播的兴起,很多商家设置了直播间专享价、直播领红包等活动。其目的就是迎合更多消费者的兴趣。

2018 年,瑞沃的一款智能牙签盒,就凭借着众筹活动＋关注公众号活动,为官方微商城及线下实体店带来了转化。根据京东众筹页面显示,瑞沃智能感应牙签盒需在规定时间内筹到 100 000 元的金额,截至结束时间共有 10 853 名支持者,筹集到了 10 012 654 元金额。由此可见,通过众筹活动,该产品的支持人数和支持金额远超预期,达到比较理想的效果。

为加强与目标消费者的互动,商家通过公众号活动来增加粉丝并引导转化为消费者。瑞沃公众号推出的扫码关注公众号活动如图 10-24 所示。消费者关注公众号生成带有专属二维码的海报,并将海报分享给好友,每 1 名好友通过该海报关注公众号,该消费者可以得到 10 积分。当积分达到 500 分时,可免费兑换一个价值 99 元的智能牙签盒。

为丰富活动形式,该商家还在公众号推出 H5 小游戏。如图 10-25 所示,消费者通过参与 "别踩白块儿" 的游戏,也可赢取一个价值 99 元的智能牙签盒。

图10-24　扫码关注公众号活动页面　　　图10-25　"别踩白块儿"游戏页面

当时正值春节期间，牙签盒作为家居生活用品，符合春节送礼、家人送礼等主题，故活动效果不错，特别是扫码关注活动，获得50 000多名新粉丝，生成近4 000张活动海报的效果。

提示　每当1名用户发起积分活动时，就会生成1张活动海报。上述案例中的活动生成近4 000张海报，表示有近4 000用户发起积分活动。

试想，如果该商家只在店铺首页推出新品折扣活动，是否能取得如此此良好的效果呢？答案是否定的。所以，商家为了能使更多人看到活动、参与活动，就必须在策划活动时，不断地创新，这样才能获得更好的推广效果。

10.2.3　折扣优惠

一般活动都需要折扣优惠去吸引消费者，这就要求商家对折扣优惠有一定的了解，能设计出使自己与消费者双赢的折扣优惠。常见的折扣优惠方式如图10-26所示。

1．隐形打折

隐形打折与直接打折是相对的概念。直接打折指的是直接在价格上打折扣。例如，店庆期间，店内所有新品可享受8折优惠，简单明了，消费者一看就能明白；而隐形打折，则是利用了复杂一点的计算方法与形式进行打折，给人更划算的感觉。例如，店庆期间，充值

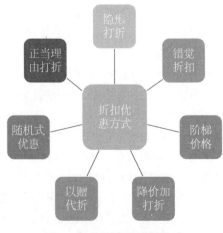

图10-26　常见的折扣优惠方式

800 元即可得一张 1000 元的购物卡。很多消费者会认为，这样可以免费得 200 元，很划算。但细算下来，用 800 元买 1000 元的卡，800÷1000=0.8=8 折，用卡里的钱购物，其实也是 8 折。

由此可见，两种打折方式的折扣其实是一样的，但是隐形打折会让消费者觉得还未购物就拿到了实惠，因此觉得更划算。

2. 错觉折扣

部分消费者潜意识里可能会认为折扣产品的质量和服务不好。针对消费者的这种心理，商家可以换一种说辞来表达。例如，一件原价为 20 元的产品，直接降至 15 元销售。消费者可能会认为这个产品实际只值 15 元，甚至更低。但如果商家在首页中说明"+15 元可获得价值 20 元的 ×× 产品一份"，消费者则会认为这个产品本身价值就是 20 元，而且现在购买可享受 5 元的优惠。

3. 阶梯价格

阶梯价格是指让产品的价格随着时间的变化而出现递进式的变化。例如，一个原价为 59.9 元的水杯，活动期间，前 30 名抢购的消费者可享受 6 折购买；30 ~ 100 名抢购的消费者可享受 7 折购买；100 名以后的消费者可享受 8.8 折购买。这样主要是为了给消费者营造一种时间上的紧迫感，增强消费者的购物欲望。

4. 降价加打折

降价加打折是指把一个产品先降价再打折，给消费者营造一种优惠力度非常大的感觉。例如，一件原价为 200 元的产品，直接 8 折销售，价格为 160 元；如果先降价为 190 元，再 8.8 折销售，价格为 176.20 元。后者更容易给消费者造成双重优惠的感觉，更容易刺激消费者下单。

5. 以赠代折

以赠代折是指以赠品、代金券等形式代替打折。赠品和代金券，对于消费者也有吸引力。而且赠品成本可控，选择权也操于商家之手，因此商家可以选择和活动产品相关度高，但价格低廉的产品作为赠品。

例如某店举办店庆活动，活动期间凡购买一款 99 元炒锅的消费者，都可以获赠一把价值 19 元的锅铲。三天内该款炒锅销售出 2000 多单。这样的成绩主要归功于搭配合理：一方面，锅铲对于炒锅来说是必备品，很多消费者都需要这个赠品；另一方面，价值 19 元的产品，对于消费者而言，还是比较有吸引力的，但对于商家而言，成本可能只要 9 元甚至更低，在炒锅利润中扣除锅铲成本后，仍然有不少盈利。

代金券则可以促进二次消费。例如美团外卖的红包、滴滴打车现金抵扣券等，都是为了刺激二次消费。

6. 随机式优惠

随机式优惠指的是可以优惠，但优惠的额度及名额具有随机性。这种优惠方式最常见的类型就是抽奖。例如，下单参与刮奖、砸金蛋、大转盘等。这种优惠方式主要就是利用消费者的侥幸心理。很多人知道自己不一定会中，但还是会抱着试一试的心态去参与。

7. 正当理由打折

正当理由打折指的是找一个消费者认为是正当的理由打折。在生活中，常见的正当理由打折方式如图 10-27 所示。

- 数量满减。购买的产品件数达到一定数量后，享受折扣购买。例如，购买指定款式的背包，第二件可半价购买。
- 金额满减。购买的产品价格达到一定金额后，享受折扣购买。例如，购买指定款式的衣服，金额满 300 元，可享受 9 折购买。
- 完成任务。消费者在完成商家指定任务后，可享受折扣购买。例如，分享活动海报至朋友圈，积赞 38 个，可获得半价购买产品的特权。
- 会员打折。消费者申请成为商家的会员后，可享受折扣。例如，某美妆店铺规定，在店内一次性购满 500 元的消费者，可以申请店铺初级会员，享受 9 折购物特权。

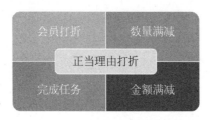

会员打折
数量满减
正当理由打折
完成任务
金额满减
图10-27　常见的正当理由打折方式

折扣优惠方式不仅仅限于上述几种，商家可以根据自己的实际情况，去发现更多适合自己的方式。

10.2.4　传播概念

在活动中传播某些概念，可以获得定期举办活动的机会，也能使活动联系某些特殊意义，提升活动整体价值。例如，2010 年 4 月 6 日，小米公司成立，为了感谢粉丝们对小米的支持与陪伴，在每年的 4 月 6 日这天举办回馈粉丝活动，这天被命名为米粉节。小米策划的米粉节活动，给消费者传播一种“我是主角”的概念，以此来增加消费者对品牌的认同感。

2014 年米粉节问世，历经 12 小时，共卖出 130 万台手机，达到 15 亿元的成交额；截至 2019 年米粉节，达到 19.3 亿元的成交额。小米作为国内一家智能硬件和电子产品研发企业，能通过活动传播概念，创建属于自己的节日，在同行业中属于少见的成功。米粉节为什么能成功举办，且活动效果很好呢？这主要应归功于米粉节的活动。2019 年米粉节，小米公司使用海报展示公司派给粉丝的 10 大福利，如图 10-28 所示。

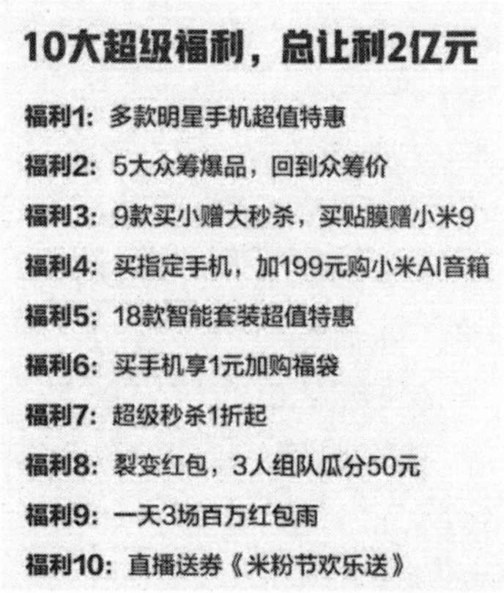

10大超级福利，总让利2亿元
福利1：多款明星手机超值特惠
福利2：5大众筹爆品，回到众筹价
福利3：9款买小赠大秒杀，买贴膜赠小米9
福利4：买指定手机，加199元购小米AI音箱
福利5：18款智能套装超值特惠
福利6：买手机享1元加购福袋
福利7：超级秒杀1折起
福利8：裂变红包，3人组队瓜分50元
福利9：一天3场百万红包雨
福利10：直播送券《米粉节欢乐送》
图10-28　2019年米粉节的10大福利海报

通过海报可知，米粉节的活动有着种类多、易参与、优惠多等优点。而且米粉节的活动，融入了当前火热的活动形式，如秒杀、裂变、直播等。即使平时不怎么关心小米产品的消费者，在看到这些活动时也很容易被吸引。

10.3 创建新活动

当商家策划好活动形式后，可在平台后台开启活动。一般的电商平台都提供多个活动工具，如淘宝平台有单品宝、店铺宝等营销工具，如图 10-29 所示。商家可根据自己的需求，选择官方推荐、优惠促销、店铺引流、互动营销下的任意一个营销工具来创建活动。

图10-29 淘宝平台部分营销工具

这里以单品宝为例进行讲解。单品宝是原限时打折的升级工具，可以针对不同人群投放不同活动。例如，对价格敏感的人群，投放高折扣的处理库存活动；对忠实的老客户，可以投放产品上新活动等。单品宝是一款付费工具，商家可在服务市场中开通使用，具体步骤如下。

第 1 步：登录卖家中心→营销工作台→单品宝，单击"马上订购"按钮，如图 10-30 所示。

图10-30 单击"马上订购"按钮

第 2 步：跳转至服务市场的单品宝订购页面，❶选择服务版本和周期；❷单击"立即购买"按钮，如图 10-31 所示。

图10-31　选择服务版本和周期

第3步：跳转至购买详情页面，❶勾选服务信息；❷单击"同意并付款"按钮，如图10-32所示。

图10-32　选择服务

付款成功，即可跳转至订购成功页面，即表示成功开通单品宝工具。打开单品宝首页，可选择创建新活动、粉丝专享价、会员专享价、新客专享价等。这里以创建一个新活动为例讲解详细步骤。

第1步：单击首页中的"创建新活动"按钮，如图10-33所示。

图10-33　单击"创建新活动"按钮

第2步：跳转至活动设置页面，❶填写活动基本信息；❷单击"保存并继续"按钮，如图10-34所示。

活动无忧 电商文案创作与活动策划实战

图10-34　活动设置

第3步：跳转至选择活动产品页面，❶选择参加活动的产品；❷单击"下一步"按钮，如图 10-35 所示。

图10-35　选择活动产品

第4步：跳转至设置产品优惠页面，❶选择活动产品折扣、是否限购等信息；❷单击"保存"按钮，如图 10-36 所示。

图10-36　设置产品优惠页面

跳转至营销工作台，即可查看刚才创建好的活动，如图10-37所示。活动创建好后，商家仍然可进行修改活动、设置优惠、添加产品等操作。

图10-37　查看创建好的活动

商家还可以借助单品宝工具，创建属于特定人群的活动。例如，针对近年来在店内有成交访客，投放满 19.9 元减 3 元的活动。

10.4　高手秘籍

技巧 1——如何正确地选择活动产品

选择活动产品是营销活动中的一个重要环节。活动产品要根据产品的销售情况和促销活动的形式而确定。产品选款可通过生意参谋和阿里指数的数据来分析完成。

1.消费者对产品的需求

在选品时，首要考虑消费者的需求，有需求才有市场。打开阿里指数，选择产品类目（这里以"连衣裙"为例），可从搜索排行榜中看到上升榜和热搜榜，如图10-38所示。

图10-38　"连衣裙"类目的上升榜和热搜榜

通过搜索榜，能看到产品搜索关键词、搜索趋势和搜索指数等数据，便于商家分析得出近期消费者的搜索动向。

2.分析竞争对手的销售动向

部分类目竞争对手的实力较强，在活动方面也更具优势，紧跟他们的动向，对选品有所帮助。例如，在"双十一"活动预热过程中，部分商家在9月底10月初，已经着手做主推产品的搜索权重、直通车推广、钻石展位推广等。根据这些线索，商家可以定期定时记录直通车车位产品信息，包括商家信息、价格、销量增量、位置等。

如果发现某款产品连续几天都处于非常好的展现位置，价格稳定、销量呈现平稳上升趋势，基本说明这款产品是目前重点推广的活动产品，也比较符合市场需求。在符合自己类目的前提下，选款时可考虑加入这款产品。

另外，商家也可以结合自家店铺的产品流量、销量等问题确定活动产品。例如，某款产品的流量虽高，但转化率低，且库存数量大。为把库存产品变成现金，商家可针对该产品策划一个清仓活动，降低产品售价，达成更多转化。

技巧2——商家需要策划关联销售吗

关联销售指的是把同类型产品或互补型产品放在一起销售，在增加店铺访问深度的同时提高产品曝光率、转化率和客单价。因此，商家可以在活动中策划关联销售。关联销售的产品关联形式如下所示。

- 同类型关联。选择功能相同、产品属性相近或者价格相近的同类型产品作为关联产品。例如，主推产品为一个手机壳，则关联产品可以是手机膜、数据线等电子产品。
- 互补型关联。选择功能互补的产品作为关联产品，例如主推产品为鲜花，关联产品则可以是花瓶、鲜花包装纸等。

通常，关联销售应该根据所选取的关联产品性质来确定关联位置。关联销售的产品可以放置在详情页面的上方、中部和尾部，不同的产品要放在不同的关联位置上。

- 页面上方。适合放置连带性比较强的产品，比如促销产品或其他相关的爆款产品等。
- 页面中部。适合放置搭配套餐，通过提高相关产品的曝光度，进一步提高产品销量和客单价。
- 页面尾部。适合放置与产品详情页关联性较高，且便于搭配使用的产品，比如需要单独销售的主推产品的包装礼盒等。

将关联销售加上适当的店铺促销或者官方活动，能够增强消费者的购物欲望，缩短消费者购物思考的时间，促使消费者更快地完成交易。同时，也能够为店铺赢得更多的口碑，为店铺的经营带来更多好处。

第11章

微信朋友圈活动策划实战技巧

本章导读 🐱

　　随着电商环境的变化，商家获取流量的成本越来越贵，所以很多商家都倾向把老客户吸引到自己的个人微信号或公众号里，打造专属的私域流量。也正因为如此，很多商家的微信里有成千上万的消费者资源。商家可以针对这些微信里的消费者策划专属的朋友圈活动，例如投票活动、集赞活动、转发活动等。商家在策划活动时，应根据微信好友的兴趣点去设计活动，设计时应注重互动性、参与性等问题。

11.1 文案在微信朋友圈活动中的作用

如今，微信用户已达数亿，而微信朋友圈也随之变得非常普及，用户们喜欢在朋友圈中发布各种各样的信息来展示生活。不少商家也看中了朋友圈强大的社交互动功能，认为在朋友圈策划活动比较有前景。

微信朋友圈是微信众多功能中的一种，目前已经发展为用户最喜爱和最常用的一种功能。微信官方给微信朋友圈的定义为，"在这里，你可以了解朋友们的生活"。通过微信朋友圈，用户可以发布图文、视频或转发信息。

（1）**发布图文内容**。微信朋友圈提供即时发布图文、视频等功能。用户自主发布的图文、视频等信息，会被好友在朋友圈中看到，好友可以对之进行点赞和评论等互动操作。某用户的朋友圈内容如图11-1所示，从图中可见，分别有用户分享的图文内容、好友点赞及好友的评论内容。

除图文内容外，微信用户也可在朋友圈分享歌曲、视频等内容。

（2）**转发信息**。微信用户在微信公众号或其他地方看到有趣的图文内容链接，可以分享到朋友圈，被更多好友看到。公众号文章可通过"分享至朋友圈"按钮完成操作，如图11-2所示。

图11-1 某用户朋友圈内容截图　　图11-2 某公众号文章"分享至朋友圈"按钮

除公众号文章可分享至朋友圈外还有很多手机App也具备分享信息至朋友圈的功能，这就让朋友圈信息来源变得非常广泛，发布过程也非常轻松，这些都成了朋友圈极大普及的原因，也使其成为电商活动的营地。

微信营销主要靠文字打动人，如果商家不会用文字描述，只发图片，根本无法打动别人。

一个好的活动，需要会说话的文字去赋予它生命力。例如，服装商家推出新品活动时，如果直接在朋友圈分享服装的图片、颜色、款式、码数等信息，能带来转化吗？结果可想而知。长期这样操作，不仅不能带来转化，还会引起好友厌烦，被好友屏蔽或拉黑。

所以，微信朋友圈活动营销，必须要配合一定的文案，至少要描述清楚活动主题、活动规则及吸引消费者。总体来说，微信朋友圈文案的作用如图 11-3 所示。

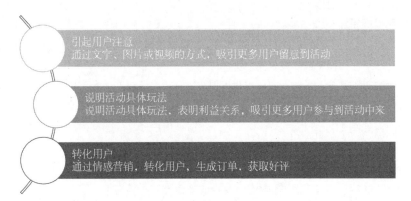

图11-3　微信朋友圈文案的作用

因此，商家应积极策划朋友圈活动，把更多消费者吸引到活动中来。

11.2　微信朋友圈活动类型

微信朋友圈的活动类型多种多样，成功的活动原则是能吸引、转化更多用户。这里列举几种较为受欢迎的微信朋友圈活动。例如，投票活动、集赞活动、转发活动、扫码活动等。

11.2.1　投票活动

投票活动一般和公众号、小程序等相关。例如，部分实体商家或电商商家，为吸引更多用户关注公众号，推出投票得某某奖品的活动。用户报名参加后，有属于自己的代号，可将投票链接和自己的代号分享至朋友圈，吸引用户帮忙投票、关注。

如某日用品商家在朋友圈分享关于某款本色纸投票活动的内容，如图 11-4 所示。当好友点击活动超链接时，即可跳转至活动页面，如图 11-5 所示。用户在活动页面中，可以对喜欢的商家投票，或报名参与活动、了解活动详情等。

商家在策划投票活动时，想让更多用户参与到活动中来，则应在文案中写上几句恳切的话语，引导用户投票。例如，"女儿某某正在参与某某活动，请大家为她投上宝贵的一票，代替女儿在这里谢过各位叔叔阿姨了"。

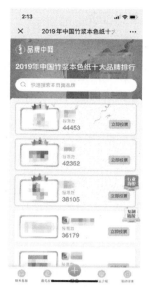

图11-4　关于微信投票活动的朋友圈内容　　　　图11-5　投票活动页面

对于能灵活运用营销技术的商家而言，随处都可以做广告。例如，做美妆的商家，可以在朋友圈发关于妆容的投票，具体内容是展示两张风格差异较大的妆容图片，问大家哪个更好看。在大家纷纷留言后，再统一回复，两个妆容分别用到的美妆产品（如面霜、眼霜、眉笔、口红等）。

整个投票过程也能增加产品的曝光度，也不会被认为是在赤裸裸地推荐产品，而会被认为是一个活动。所以，这种用投票来宣传产品的方式，消费者一般不会反感。如果商家能在投票中增加一些奖品，效果会更好。

11.2.2　集赞活动

集赞活动作为微信朋友圈最常见的一种活动之一，往往有着较强的营销味道。所以，集赞活动的文案一般直击痛点，用利益诱导更多用户参与进来。某饮品发布的朋友圈内容，就直接表明点赞、转发即可参加抽奖获得饮品，如图11-6所示。

从图11-6中可以看出，分享活动的用户，直接用文字描述了活动规则和奖品，"抽取点赞前7排每排最后1位送出任意饮品各2份"。还有很多电商商家直接采用集赞满多少抵扣多少的福利。例如，分享商家活动海报至朋友圈，集1个赞，可抵扣1元现金，30封顶。消费者想获得该福利，会自发地邀请好友为自己的朋友圈点赞。在好友点赞的过程中，可能也会被该福利所吸引，也去发朋友圈积攒，从而形成大规模的集赞活动。

图11-6　某饮品点赞、转发，
获得饮品的朋友圈内容

11.2.3　转发活动

转发活动和集赞活动一样，是朋友圈中常见的一种营销活动。活动发起者转发活动链接再用一定的文字描述，吸引用户点按链接查看活动详情页。某用户在朋友圈分享转发抽100元代金券的活动页面如图11-7所示，好友在查看该条朋友圈时，如果想得到100元的代金券，就必须转发该链接。

如图11-8所示，用户在发布一条朋友圈内容时，可选择查看权限，如"公开""私密""部分可见""不给谁看"等。为避免用户转发至朋友圈设置权限（如仅自己可见），转发活动一般需要好友点赞。例如，"转发海报集28个赞，可以享受9.9元购买水杯的福利"。

图11-7　某用户在朋友圈分享转发抽100元代金券的活动页面　　　图11-8　朋友圈设置权限页面

11.2.4　扫码活动

扫码活动常用于线下或线上活动传播。例如，线下活动在吸引消费者关注活动时，一般要求消费者扫描现场展示的二维码进入活动页面或公众号。在朋友圈，也有很多扫码关注活动的内容。某用户在朋友圈分享扫码享12.9元秒杀价值23元原味蛋糕的内容，如图11-9所示。当消费者点按识别二维码，即可进入购买商城，如图11-10所示。

朋友圈活动类型还有很多，如脑筋急转弯、评论有奖等。但无论什么类型的活动，都需要有诱人的文案来吸引消费者点按查看。如果商家只是贸然在朋友圈分享一个二维码，并配上"扫一扫，有奖品"的文案，由于其主题不明朗、规则不明确，效果一般是非常差的。

图11-9　扫码购买商品的朋友圈　　　　图11-10　可下单购买商品的商城

11.2.5　征集买家秀

消费者的真实评价比商家详情页、短视频更具说服力。而商家在日常的微博营销、微淘营销中，常常需要展示消费者的正面评价。商家可以通过朋友圈活动的形式，向已经购买过店内产品的消费者征集评价。

某商家在朋友圈发布征集微淘买家秀的活动，如图11-11 所示。活动中提道："获得一等奖的小仙女，可连续 5 个月获得新衣"。消费者为了获得礼品，可能去微淘或直接私信商家，发送买家秀图片。商家再将这些优质的买家秀收集、整理，发在商品详情页、微博、微淘、微信朋友圈等地方，吸引更多消费者下单。

除了买家秀以外，商家还可以红包、礼品等方式，鼓励消费者在朋友圈晒单。例如，某消费者近日在店内购买一款保温杯，商家可在包裹中放置"朋友圈晒单有礼"的小纸条。当消费者在朋友圈正面表扬这款保温杯的外观和功能时，商家可给予小红包奖励。很多商家都以这样的方式增加产品的曝光率。

图11-11　征集买家秀的朋友圈内容

11.2.6　问答互动

商家在加消费者为好友后，不能狂发消息去打扰消费者，应通过朋友圈与消费者互动，这样才不会引发消费者的反感。商家在发布活动、产品相关信息时，可以添加引导评论的文案内容，能激起更多消费者参与评论、点赞，营造更加热烈的活动气氛。

如图 11-12 所示，某服装产品在朋友圈发送的关于产品的问答内容都很简单，基本上只要是好友都能回答上来，而参与互动的好友有机会得到 50 元无门槛代金券。这种低门槛、高回报的问答互动在朋友圈还是比较受欢迎的。

从这个活动的文案中可以看出，消费者如果对店铺不熟悉，答不出上新系列名称等内容，就需要进入网店查看与答案相关的信息。这样不仅吸引了消费者在朋友圈进行互动，也能为店铺引流，可谓一举两得。

11.2.7　游戏互动

为增加与消费者的互动，商家还可以在朋友圈策划一些游戏。某服装产品商家在朋友圈发布"找不同"游戏，如图 11-13 所示。参与互动的好友有机会获得 30 元无门槛代金券。此外，该商家游戏用的图片是自家产品，好友在参与游戏的过程中，也会对该产品产生印象，这相当于对好友进行了一次高强度的广告"轰炸"。

图11-12　某产品上新的活动文案朋友圈

图11-13　游戏互动的朋友圈内容

商家在策划朋友圈游戏互动时，还可以策划 H5 游戏。H5 游戏能增加活动的趣味性，吸引更多好友参加和转发。

> **提示**　　H5，是 HTML 的高级版本，是一系列制作网页互动效果的技术集合。H5 游戏是
> 将各个平台端游戏汇总整合集中，为玩家提供便捷的游戏通道。在技术方面，利用 H5 开
> 发移动小游戏，有着开发门槛低、所需时间少等优点。

11.3　微信朋友圈活动的策划技巧

商家在策划朋友圈活动时，也需要具备一定的技巧，否则就会事倍功半。下面就详细讲
解 3 个策划技巧，善用这几个技巧，很容易就可以策划出高质量的朋友圈活动。

11.3.1　准备工作的要点

在朋友圈进行营销之前，商家应该做好相应的准备
工作。总体来说，微信活动的准备工作包括好友数量、
好友印象、文案功底和营销能力 4 大点，如图 11-14 所示。

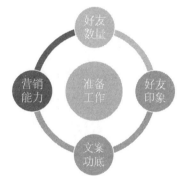

- **好友数量**。微信上要有一定数量的微信好友，活
  动才能上规模，也才会获得较好的效果。前期至
  少要有 300 个以上高质量好友，开展活动才不至
  于浪费资源。
- **好友印象**。在微信上，如果想诱导好友加入活动中，
  并实时转化好友为消费者，双方就必须有信任基
  础。所以，负责运营活动的微信账号，必须给好

图11-14　朋友圈活动的准备工作

  友留下积极、可信任的印象，一般通过经常性地发送真实生活的朋友圈信息来"自曝"
  即可达到这个目的。
- **文案功底**。微信营销主要靠文案打动消费者。如果商家只会用简单的文字描述活动，
  无法起到吸引、转化消费者的作用。例如，商家在策划一个集赞活动时，要用最简洁
  的问题描述清楚，要集多少个赞，集赞后又能得到什么福利等。
- **营销能力**。营销能力也是一个不可小觑的内容。小米之所以有今天的成绩，其原因就
  是营销能力强。商家策划活动并不仅仅是为了给活动营造一个热闹的氛围，更多的是
  将消费者转化为自己的客户。所以，在策划朋友圈活动前，商家还应具备一定的营销
  能力，以转化更多消费者。

在准备开展朋友圈营销活动之前，最好按照上述 4 点对自己的各方面条件进行检查，如
有不太满足的地方，应及时补齐"短板"。

11.3.2　朋友圈也是兴趣圈

微信朋友圈由许多微信用户发布的信息组成，这些用户的兴趣各有不同，例如美食、减肥、旅游等。商家在策划活动时，应充分考虑消费者的兴趣偏向。

某火锅实体商家在微信朋友圈发起一个中秋节活动，如图 11-15 所示。商家在活动中提到，转发微信朋友圈第一条中秋节海报至自己的朋友圈集满 88 个赞，即可领取牛油火锅底料、300 元的车马费及月饼等礼物。

除了节假日针对传统发起活动外，商家在平时还可以针对不同的兴趣人群策划不同的活动。例如，经营护肤产品的商家，应根据消费者的不同皮肤问题进行分组，如"想美白的小仙女们""想祛痘的小仙女""油性皮肤的小仙女""干性皮肤的小仙女"等。当商家推出一款祛痘产品的活动时，朋友圈可只对"想祛痘的小仙女"分组的消费者展现。这样既有利于产品的精准推广，又不会打扰其他消费者。

图11-15　某火锅商家在朋友圈发布的中秋节活动

11.3.3　朋友圈要经常提供"福利"

微信朋友圈不能一味发广告，也需要进行情感营销。但仅仅是情感营销，时间久了也会被消费者厌烦，认为商家"只会说好听的，不实在"，因此商家的营销活动也不会有很高的转化率。所以，商家还应时不时地赠送"实惠"给消费者，才能使消费者感到贴心。

通过朋友圈赠送产品及相关赠品是一个较好的方法，既打动了消费者，又为产品做了推广。也可以赠送店铺优惠券给消费者，促使消费者进店消费。

如某服装产品商家在"双十二"当天发布了朋友圈信息，为消费者提供满 300 元减 40 元的优惠券，如图 11-16 所示。这样的活动，既能使消费者从中得到福利，又能提高店铺销量与客流量，这对商家和消费者都起到了积极的作用。

这里的"福利"，除了优惠券、满减、限时抢购等可以直观看到的福利，还可以是与产品相关的知识、技巧。例如，经营生鲜水果的商家，可不定期在朋友圈分享辨别水果好坏的技巧、水果保存技巧以及水果吃法等内容，以吸引更多消费者的关注。

图11-16　某服装商家"双十二"活动朋友圈截图

11.4 高手秘籍

技巧1——朋友圈活动配图技巧

除了链接和视频的朋友圈内容外，一般都以图片和文字为主。文案写得好，转化效果自然好。但也有很多消费者在查看朋友圈时，根据图片的美观度来选择是否阅读文字。网络上也出现了很多如"图不重要，看字""重要的事说三遍，看文字"等图片。所以，商家在策划朋友圈活动时，应注意配上与产品、活动相关度高，且具有吸引力的图片。

1. 注意配图维度

朋友圈发的图片并不是随心所欲的，特别是对于有营销需求的商家而言，每一张图片都应该和文字有关联，既让人有兴趣点击，又和文字相呼应。在配图时，建议考虑如图11-17所示的几点。

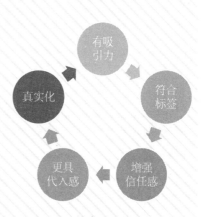

图11-17 朋友圈图维度

- 有吸引力。图片在很大程度上影响着消费者的点击意愿，且与文字相比，人们对于图片的记忆力更强。所以，商家在朋友圈配图时，应考虑图片是否有吸引力。
- 符合标签。每个账号都有自己的定位，也就有相应的标签，如"90后""文艺""旅游达人"等。账号在更新朋友圈内容时，就应配对应的标签图。例如，某商家微信定位是一家售卖棉麻文艺风格女装店铺的客服，其好友也基本都是偏文艺的女性。在发朋友圈时，可以配上略带文艺的图片，来迎合消费者的心理需求。
- 增强信任感。商家可以把产品的制造、加工图片及买家秀等图片分享在朋友圈，加大消费者对商家的信任。特别是经营生鲜产品的商家，可以把产品的生长环境、生长过程等图片分享出来，突出产品质量好等特点。
- 更具代入感。消费者隔着手机屏幕，触摸不到产品，所以图片要具有代入感。例如，商家售卖一款防寒服，可以拍摄某模特冬季骑车穿防寒服很温暖的场景用图片表现出来。让消费者在看到这张图片时，就联想到自己骑车可能也需要这样一件防寒服。
- 真实化。日常分享朋友圈时，尽量做到真实。记录真实生活场景中的照片，分享给好友，能增强好友对账号的信任感。

2. 图片数量

众所周知，朋友圈配图用1、2、3、4、6、9等数量的照片，在呈现时更具美感。如图11-18和图11-19所示，5张或7张图，都会造成页面缺失感。

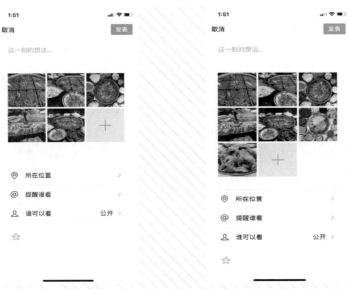

图11-18　5张图片的朋友圈　　　　　图11-19　7张图片的朋友圈

在数量上，可以采用多种不同组合的页数。例如，每天固定3条朋友圈内容，第1条可以发1张图片，第2条发3张图片，第3条发9张图片。具体数量是1张还是9张，还要取决于图片内容。例如，早上发鸡汤配小清新的图片，数量显然不应过多，1张最好。如果是产品上新，为了多角度显示产品细节，那当然是越多越好，越清楚越好。

技巧2——如何用微信功能添加更多好友

由于微信是一个较为封闭的圈子，因此对熟人、老顾客推送活动来达到营销很常见。这也有利于提高商家在消费者心中的存在感。微信可以不停地把陌生人变成熟人，然后在熟人中进行营销。用微信朋友圈来策划活动，好友数量尤为关键。好友数量越多，活动辐射面积也就越广。那么，一个微信号，如何添加更多好友呢？

虽然微信不像QQ可以随意添加好友，但也自带很多功能可以获得好友，如"附近的人""摇一摇"等功能。招商银行曾用微信"漂流瓶"功能发起了一个慈善性质的营销活动，为自闭症儿童募集善款，受到广泛关注。

（1）利用"附近的人"获取新客户。微信"发现"标签里有一个"附近的人"功能插件，商家可以查找自己所在地理位置附近的其他微信用户。系统除了显示附近用户的姓名等基本信息外，还会显示用户签名档的内容。点按任意一个账号即可查看其详细信息，可与对方打招呼。

当然，对方不一定会回复信息或添加好友。所以微信账号名与头像要精心设置，能够给人好感，尽量提高通过率。

（2）"摇一摇"，吸引更多消费者。微信"摇一摇"是一个可以极大丰富和拓展人际关系的平台。在微信里打开此功能后轻轻摇动手机，微信会搜索同一时间并显示其他正在使用该功能的用户，这样摇动手机的两个用户就可能因此联系上。

这种和陌生人打招呼的方式，除了可以让个人用户广结朋友，其实也可为商家带来效果惊人的曝光度。商家通过"摇一摇"功能，能结识五湖四海的微信好友，有便于开展宣传促销活动。

除以上微信自带的功能外，商家还可通过好友互相推送、自媒体和网站发帖及线下推广等方式添加更多好友。

第12章

多平台联动推广活动策划

本章导读

如果产品本身就很有吸引力，那么可以通过直通车、钻展等付费推广方式，吸引一些新老客户，但所需支付的推广费用可能会比较巨大；也有的新品或库存产品，可以参加站内聚划算、试用等活动来获得一些销量，但销售对象不够广泛，仅限于站内有购物需求的消费者；也有的产品可以借助微信、微博等平台进行营销，但在粉丝量较少的情况下，也很难促成交易。由此可见，任一推广平台都有缺点，商家可以考虑在多个平台上进行联动推广，充分利用各个平台的优势，实现活动推广效果最大化。

12.1 多平台推广活动的平台介绍

在人气旺盛的平台举办活动，才能吸引更多用户的关注和参与。商家在策划活动时，可以在不同平台中策划同一主题活动，吸引更多平台粉丝的关注。常见的活动平台包括社交平台、直播平台、短视频平台、音频平台及自媒体平台等。

12.1.1 社交平台

随着网络的飞速发展，网友们的社交呈现出多元化的特点。商家可以利用热门的社交工具，策划适宜转发、分享的活动，对产品进行宣传和销售。热门又适合做营销推广的工具包括 QQ、微博、微信等。

社交平台因具有较强的社交性，因此策划的活动一般都是利用利益优惠去刺激消费者自发进行分享、点赞、评论、转发，将活动信息扩散开来，使更多人参与到活动中来。如某食品类目商家发布了一个点赞活动，好友点赞该条朋友圈信息之后，就有机会获得新年红包，如图 12-1 所示。很多消费者在点赞的同时，很可能被带有二维码的"送券"海报所吸引，从而扫描二维码进入其他活动页面，参与更多的活动。

在 QQ 空间、微博中的活动也有着很强的社交属性，一般都会引导消费者转发活动海报，以达到快速扩散活动信息的目的。

图12-1　朋友圈活动页面

12.1.2 直播平台

2016—2017 年是在线直播平台和用户爆炸式增长的年份，截至 2017 年年底，在线直播平台超过 300 家，在线直播用户规模达到 3.98 亿；发展至 2019 年 6 月，用户规模达 4.33 亿。目前，直播类型主要包括秀场类直播、游戏类直播、泛娱乐类直播等，其中包括多个热门直播平台，如 YY 直播、斗鱼直播、淘宝直播等。

图12-2　常见的直播平台活动

伴随着直播平台的兴起，很多商家借助直播，把产品带入更多人的视野。也正是由此，直播平台诞生了多个活动类型，常见的类型包括：秒杀产品、享受折扣、领取红包、抽奖活动等，如图 12-2 所示。

- **秒杀产品**。常见于淘宝直播中。主播在直播间设置特定产品抢购，用户有机会在活动时间内以低于市场价的价格购买产品。
- **享受折扣**。直播间的粉丝享受购买指定产品的指定价格。如某户外主播在 YY 平台中，提及一款多功能鱼竿，并表明直播间粉丝可享受 8.8 折购买优惠。

- **领取红包**。常见于多个直播平台中，以发放红包的方式，吸引粉丝购买产品。
- **抽奖活动**。常见的方式为弹幕式抽奖。一般由主播发起特定问题，粉丝在特定时间内用弹幕的方式回答，主播随机抽取幸运儿送奖品。有的直播平台也有抽奖助手，可用于设置抽奖活动。

如某商家在淘宝直播间，向粉丝公布领取优惠券步骤。如图 12-3 所示。主播在直播间谈及"向客服发送直播粉丝可领取优惠券"，粉丝按提示操作，即可获得领取优惠券的链接及满 158 元减 15 元的优惠券。

图12-3　某商家的淘宝直播领取优惠券步骤

提示　在进行直播活动时，主播应实时关注用户的问题并给予解答。例如，如何下单、如何充值、如何参加活动等。为确保消费者体验，在活动结束后，商家应及时跟进活动详情，做好订单处理、奖品发放等工作。特别是复购性高的产品，一定要做好粉丝维护工作。

活动结束后，商家应根据活动参与量、活动评价等信息，做好活动总结工作，便于提升后期活动效果。

12.1.3　短视频平台

随着时代的飞速发展，网民们的闲暇时间越来越碎片化，短视频的出现，正好让网民们的碎片时间能够得到充分利用。而且短视频比起图文形式的文章来，更加形象直观，所以短视频也更能吸引网友。

根据《2019 中国网络视听发展研究报告》，2019 年中国短视频用户规模达 6.48 亿，占网民整体的 75.8%。目前，较为热门的短视频平台包括抖音、快手、小红书、B 站等。特别是抖音，作为短视频的后起之秀，抖音实现了远超 10 亿的日播放量，其活跃度十分惊人。

为什么在短短的时间里，短视频能获得如此多的用户数量呢？其原因不外乎以下几点。

- **具备冲击性的感受**。视频对观众的冲击性较强。文字、图片、语音的冲击性，都远远低于视频。视频是集文字、图片、动画、语音、音乐、剧情等多种元素于一体的媒体，其冲击性不是单一媒体元素可以比拟的。
- **大数据实现精准推送**。如抖音平台会根据用户兴趣推送内容。例如，某用户喜欢美妆，平台会在推荐栏里更多地展现美妆类高点击率的视频内容。
- **充分利用碎片时间**。在很多人抱怨缺乏整块时间的社会环境下，短视频以其短小精悍的特点，让用户能利用碎片化时间来进行消遣。
- **热门事件**。在信息爆炸的环境下，人们对文字逐渐失去了阅读兴趣。一般来说，发生社会热门事件后，各种订阅号、头条新闻、微博等平台需要时间组织文字更新内容，而短视频平台则直接将事件的视频呈现给受众，比起文字来，更加快速、便捷，因此也更受大众欢迎。

由此看来，短视频有着市场大、用户多等优点，其平台非常适合举办营销活动。由于很多短视频平台具有一定的社交属性，因此商家也可以充分利用这一点，组织各种互动性强、利于参与和转发的活动，如转发有奖、评论有奖、专享价、挑战赛等。

某糖果的抖音短视频专享价页面如图 12-4 所示。从图中可见，该糖果原价 39.9 元，粉丝领券后可享受 19.9 元购买的优惠。该条抖音短视频共获得 78 万个赞、1.1 万条评论、5090 次转发，可以说是一个比较成功的营销活动。

商家在策划短视频活动时，应根据平台来选择内容。例如，抖音、快手等平台的用户更喜欢接地气、趣味性的视频内容，商家应策划有意思的，利于转发、评论的内容；淘宝、京东等购物平台的用户更注重产品的实用性和性价比，商家应策划出能体现产品功能、实用性的内容。

图12-4　某糖果的抖音短视频
专享价页面

12.1.4　音频平台

音频平台是指通过网络流媒体播放、下载等方式收听的音频内容平台，如荔枝 FM、喜马拉雅 FM、蜻蜓 FM、懒人听书、酷我听书等平台。根据艾媒咨询数据显示，2018 年中国在线音频市场用户规模达 4.25 亿；预计到 2020 年，中国在线音频用户规模将达 5.42 亿。音频平台之所以会受到广大网民的追捧，原因有以下两点。

- **伴随性好**。相比视频、文字等媒体，音频具有独特的伴随属性，无须占用双眼，在消费者看书、做饭、乘车、睡前时均可使用。

- **广告性好**。当网民被各种广告信息刷屏时，可能会厌倦文字、图片和视频广告，会自动忽略广告，导致广告效果不佳。但在音频内容中，广告无法屏蔽，其效果反而会比视觉广告更好，这个特点让音频平台更具营销价值。

常见的音频平台活动包括内容植入式、品牌入驻式、主播互动式，如图 12-5 所示。

图12-5　常见的音频平台活动

- **内容植入式**。指的是商家找和产品相关度高的主播进行合作，在音频内容中植入自己的产品，加以一定的优惠活动，吸引粉丝下单。
- **品牌入驻式**。指的是商家进入音频平台，建立属于自己的音频自媒体。很多商家都在喜马拉雅 FM 开通自己的官方频道，这样便于在平台上策划属于自己品牌的活动。
- **主播互动式**。指的是主播带动粉丝参与到线上线下的活动，例如线上的小程序、H5 游戏、微博游戏；线下的美食、观影、旅行等。

某小黑伞商家与某户外音频主播合作，推出一期"不涂防晒玩三亚"的音频内容。内容围绕主播不涂防晒霜就去三亚游玩展开，并表明自己不涂防晒也没有被晒伤，激发粉丝的好奇心之后，主播揭开了谜底：原来不怕晒的秘密就在于小黑伞。主播在夸了一会儿小黑伞以后，详细介绍了小黑伞的特性、优惠活动及购买方式等信息，方便粉丝下单购买。此外，主播还给出专属粉丝特权：粉丝在购买前联系客服报主播昵称，可获得某价值 38 元赠品。在粉丝专属特权的刺激下，商家一天内卖出近万把小黑伞。

12.1.5　自媒体平台

自媒体是指以个人作为新闻制造主体进行内容创造发布的媒体。自媒体内容的表现形式较为多样化，包括文字、图片、音频、视频等。优质的自媒体内容容易受到网友的追捧、关注及转载。

目前，较为热门的自媒体平台包括微博、微信公众号、今日头条、知乎、抖音等。其中，今日头条被称为大流量池。虽然今日头条流量大，但并非随手写写就能受到推荐，而是要做好内容，专注于一个点，有针对性地去写，才能够获得大众关注。文章数量不能太少，而且必须是近期原创文章；而知乎，既是一个网络问答社区，也是一个数据全、文章内容优质度高的社区。知乎被称为社区化营销的必登地，比较适合知识营销和优质内容，利用好这块宝地，引流效果也不错。

这些自媒体平台在推荐产品时，一般是通过较为隐蔽的植入方式，让消费者在不知不觉中了解产品、对产品有兴趣。在策划这些自媒体活动时，一般分为两种：间接式和直接式。

间接式指的是委婉介绍活动，邀请粉丝们关注；直接式指的是直接表明某某产品有某某活动，引导粉丝下单。微博平台某活动海报，通过"关注×××，可以用最少的钱买更多的东西"的文字引导粉丝关注商家微信公众号，后续的内容中用一些低价产品再次引起粉丝关注的兴趣，这就是典型的间接式活动，如图 12-6 所示。而直接式活动如图 12-7 所示，通过"88折""3天品尝期""优惠券"等文字，引导粉丝在多重优惠的诱惑下成交。

图12-6 微博平台某活动海报　　　图12-7 某公众平台活动内容

自媒体平台策划活动的前提是具有一定的粉丝数量，有了粉丝，才有小群体不断聚集和传播自媒体内容。

12.2 多平台推广活动策划要点

在多个平台举办联动推广活动，活动之间应先做好统筹安排，才能保证活动顺利有序地开展。在策划多平台联动活动之前，需要掌握一些相应的要点，不然很容易手忙脚乱，顾此失彼。

12.2.1 要有充分的前期准备

商家在策划多平台活动前，要根据产品属性确定投放活动的渠道，设计活动规则、海报，联系渠道达人等准备工作。例如，某商家的一款日用品为新品，想在上架前三天设置活动。经过分析，发现目标人群以25～35岁的家庭妇女为主。这些人群经常出没于旺旺群、微信群、快手视频中，因此，商家分别策划了店铺活动、微信群活动、微信朋友圈活动及快手直播活动。

为保证活动的顺利开展，商家提前做好了备货、客服培训、设计活动规则等准备工作。为取得快手直播更好的活动效果，商家还提前联系了与产品类目相关度较高的主播谈成直播合作。

在活动开始前，商家还应根据店铺实际情况确定店铺运营计划和活动目标。常见的运营计划如下。

- 店铺本月运营计划。在完成销售目标的前提下，要增加新客户和维护好客户，提升客户复购率。
- 扩展老客户。对于普通小店而言，老客户数量较少，只有多增加店铺新客户，才能扩展更多的老客户。
- 官方活动引流。在运营计划中，要多参加官方的活动来进行引流。

在制订好运营计划之后，再根据目标计划去拆分任务和匹配资源。因为店铺计划是增加新客户和维护老客户，如果自身产品客单价比同行高，就不能去报特价之类的活动，如"天天特价"，这类活动容易拉低客单价和引来质量不匹配的顾客。现在流行内容营销，可以把目标活动聚焦在"淘宝直播"上，主要目的不是纯粹的引流和销售，而是要找精准的、后续可利用的目标客户，以达到店铺运营计划的需要。

同时，活动的选品也非常重要。选品需要考虑的因素很多，如市场因素，包括当季热卖、人群刚需、产品成交趋势等；店铺自身因素，包括转化率、成本、物流配送、售后等。

另外，还有一个很重要的因素，就是在选品之前要对竞品的价格、销量、促销模式等相关信息进行收集与整理。例如，某商家选择最具有优势的产品"售价为 68 元的牛仔裤"去做淘金币活动，而在淘金币活动中，这几天已经有和此款式相似的牛仔裤，售价仅为 65 元，而且还在做第二条半价的活动。如果该商家在参加活动前没有做好调查，贸然把自己的售价定位在 68 元，那该产品的转化率很可能就上不去。

所以，在策划活动前一定要搜集有没有竞品也在做同类活动。如果有，实时关注他们的价格、促销和销量，尽可能地调整自己的活动报名价格及活动当天的促销活动。

12.2.2　确定投放平台

不同的活动，需要不同的准备工作。多平台推广活动的准备工作和单平台推广活动的准备工作不同之处在于：寻找适合的投放平台。每个平台的内容都有各自的风格，如公众号以图文为主；抖音以 15 秒到 1 分钟的视频为主。不同平台的活动可以形成互补，比如消费者在微博看到某品牌的活动信息，后又在微信和抖音上分别刷到该品牌的更多活动，就可能对该品牌印象深刻，故而产生消费的冲动。

在确定活动的目标及目标对象后，再选择相应的平台进行投放。平台的选择包括初选和复筛。

（1）初选。首先，需要了解一些常规的平台。如前面所提及的社交平台、直播平台、短视频平台、音频平台及自媒体平台等。再根据上架垂直领域业务初步选择平台。例如，食品类可以选择大众点评、小红书等。

（2）复筛。初步选定平台后，要对初选的平台进一步筛选。如图 12-8 所示，主要统计平台类型、平台

图12-8　筛选平台信息

用户人群特征、同类排行、用户数量、整体评分等信息，筛选出用户数量多、平台用户与目标用户高度契合的平台。

为更清晰地查看各个平台信息，商家可以对以上信息设置评分。例如，同类排行第 1 的平台，可以获得 5 分；排行第 2/3 的平台，可以获得 4 分……以此类推，计算出每个平台的最终得分，最终选择出评分最高的平台，作为投放平台。

例如，唯品会在 2019 年的活动，主要面向年龄集中在 25~40 岁的女性，通过初选和复筛，选择了微信、App、微博、抖音等平台投放活动广告。其中，抖音作为主要平台，邀请多个网络达人拍摄关于唯品会的短视频；微信则涵盖了唯品会订阅号、服务号等账号，分享活动信息。由此可见，唯品会活动侧重于宣传平台，其次是卖产品。

12.2.3　要有强大的执行团队

确定好活动的投放渠道及相关准备工作后，还需要把工作层层分解下去。因此，平台联动活动需要强大的执行团队。一般来说，活动由运营部门提出，并由运营部门联系其他部门配合实施。

商家活动可以由不同业务模块组合而成。每个模块所需要的执行团队也需要分配至人员。例如，微信、微博、抖音等平台所需要的执行团队，职责就各有不同，如图 12-9 所示。

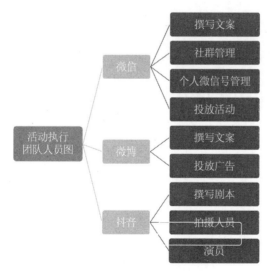

图12-9　多平台活动执行团队人员职责

这里以举办一个针对老会员的活动为例，执行团队主要由 CRM（客户关系管理）部门和运营部门执行，具体工作见表 12-1。

表12-1 某某主题营销活动的活动流程、具体内容以及执行人

活动流程	具体内容	执行人
策划活动主题	基于活动情况写明活动主题，如老会员专享活动	运营部门
确定活动时间	2020年8月21日（店庆日）	运营部门
促销点	老会员专享折扣、全店满减	运营部门、CRM部门
沟通渠道	微信公众号、微淘、旺旺、短信	运营部门、CRM部门、客服部门
活动预算	根据老客户数量及产品库存量计算预算	运营部门、CRM部门、财务部门
活动推广费用	包括站内推广、站外达人合作、发送短信等费用	运营部门、CRM部门、财务部门
活动链接地址	挖掘活动利益点、产品卖点，在各个平台发布活动链接	运营部门、CRM部门
筛选客户	基于已有的信息对客户进行细分筛选，找出目标客户	CRM部门
发布活动内容	根据卖点、利益点，设计好活动文案，并发布在各个平台，如朋友圈、微博、微淘、抖音等	运营部门、CRM部门
发送时间	基于活动规模决定营销的时间，需要预热还是一次性营销	运营部门、CRM部门
优化产品信息	包括装修店铺、优化产品标题、主图和详情页等工作	美工部门
盘点库存	定时盘点各个产品的库存信息，保证有货可发	仓库部门

从上述案例可知，一个多平台活动的运行，需要运营部门、CRM 部门、财务部门、客服部门、美工部门及仓库等多个部门同时协作、执行。

12.3 多平台推广活动的营销方式

在策划活动时，也需要活动理由来说服消费者。例如，很多官方微博在策划活动时往往需借助热点实事、节假日、店庆等理由。所以，商家可以把常见的营销方式与活动相结合。例如，事件营销、造势营销及知识营销等。

12.3.1 事件营销

事件营销是指商家通过策划、组织和利用具有新闻价值、社会影响及名人效应的人物或事件，吸引媒体、社会团体和消费者的兴趣与关注，以求提高商家或产品的知名度、美誉度，树立良好品牌形象，并最终促成产品或服务销售目的的手段和方式。

据中央电视台新闻报道，2018 年 1 月 31 日 19：00 开始，将有一场天文奇观——超级蓝月伴血月团团亮相。"蓝月亮"是指一个公历月中的第二个满月，血月本常伴随月食出现，但两者齐备极为罕见，是多年难得一见的奇观。

活动无忧 电商文案创作与活动策划实战

更为难得的是，在天气晴好的情况下，我国大部分地区都可以观测到此次月全食的全过程。所以朋友圈、微博等平台有了月全食的大规模图文直播分享。

截至 2018 年 2 月 1 日，大约有 1534 万人参与月食的讨论，例如月食背后的科学原理、天文观测设备、关于月亮的历史典故等内容。很多网友的朋友圈、微博、抖音也开始刷屏月亮的变化。也正是此时，很多商家纷纷开始了营销。如图 12-10 所示，为蓝月亮洗衣液品牌在微博发起的一个活动。

营销的最终目的在于提高销售额，只是在实现目的的过程中，需要增加活动趣味性。只不过这个过程中，怎样做得更加有趣味性。如图 12-11 所示，蓝月亮在 23：01 分时，为最新一代蓝月亮至尊洗衣液素材做好准备，号召粉丝参与全民 P 图。并约定时间，在 2 月 5 日 11：00 选出 20 个作品送出奖品。

正是这个活动中带有"蓝月亮"产品的海报，纷纷刷屏微信朋友圈和微博。如图 12-12 所示，为某微信用户的蓝月亮动态图。

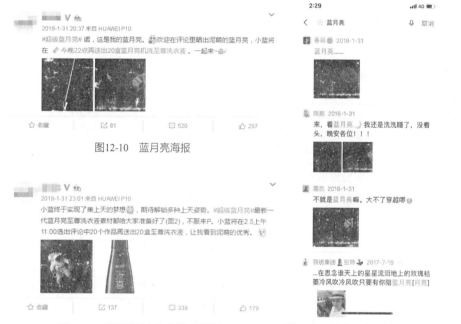

图12-10　蓝月亮海报

图12-11　号召粉丝参与全民P图微博　　　图12-12　微信用户的蓝月亮动态图

蓝月亮善于抓住该热点，纷纷在微博、微信发起活动。蓝月亮还趁热打铁，找到了代言人发布有关蓝月亮的动态，如图 12-13 所示。从图中可见，代言人发布的动态共获得 5925 次转发、7359 条评论及 147644 个赞。

针对此次热点事件，蓝月亮的多平台联动活动无疑是成功的。因为很多网友想到月食这个热点，就能联想到蓝月亮这个品牌。如图 12-14 所示，做品牌传播有六度，即品牌认知度、品牌美誉度、品牌知名度、品牌关联度、品牌联想度和品牌忠诚度。当消费者在某个事件或某个画面中联想到某个品牌的时候，这个品牌也便成功了。

当然，此次事件中还有其他品牌成功推广了多平台活动，如杜蕾斯、卫龙、冷酸灵、自由点等。

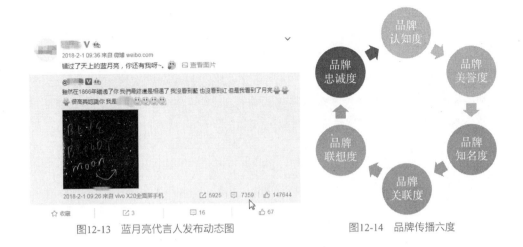

图12-13　蓝月亮代言人发布动态图　　　　　　　图12-14　品牌传播六度

12.3.2　造势营销

造势营销指的是通过举办活动、制造事件等方式，通过大众传播媒介的报道，引起社会大众或特定对象的注意，造成对自己有利的声势，达到商家、品牌扬名的目的。

造势营销一般先要进行周密的策划，再按照计划利用新闻传播、报道及诸如记者招待会、组织参观、有奖征答等特殊事件来实现，此外，还可以利用资金赞助来营造声势，常见的赞助包括文化、体育、教育、慈善等事业的活动等。

例如，2005年蒙牛与湖南卫视共同打造"2005快乐中国蒙牛酸酸乳超级女声"年度赛事活动。蒙牛在造势方面一共有两方面大投入：拿出1400万元人民币作为超级女声冠名费；又投入8000万元打造带有超女的形象包装、策划活动等。

为更好地宣传品牌，蒙牛特邀上一届超级女声作为产品的形象代言人，为其定制广告歌曲，并将其MV广告片和形象广告投放在电视、广播及灯箱和路牌上。该首歌曲很快成为各大音乐排行榜上的热门单曲。蒙牛还在外包装上都印上了"超级女声"字样，并推出4种不同口味的产品满足消费者的需求，如图12-15所示。

随着《超级女声》节目的火热进行和蒙牛的广告推广，各式各样印有"超级女声"和"蒙牛酸酸乳"字样的海报在全国各地流传。2005年，蒙牛的这一造势营销，使得蒙牛酸酸乳的销量从2004年的7亿元提高至30亿元。

当然，造势营销需要不少资金，有一定经济实力的品

图12-15　蒙牛酸酸乳外包装

牌商家比较常用这种方法。如百草味、可口可乐等品牌也常常策划造势营销活动。如果资金不多，则可以考虑在小范围内造势，如在专业论坛、贴吧造势，或在微博、微信造势等，受众虽然可能不太多，但胜在用户精准，转化率高。

12.3.3 知识营销

知识营销指的是将有价值的知识传递给潜在消费者，并使其逐渐形成对商家品牌和产品的认知，进而刺激消费者对产品的需要，达到拓宽市场的目的。商家有价值的知识包括产品知识、专业研究成果、经营理念、管理思想及企业文化等。

常见的知识营销平台包括百度问答、知乎、今日头条、贴吧、论坛等。很多消费者在日常生活中遇到问题时，可能通过搜索引擎来查找答案，而搜索引擎就会搜索到这些平台上的相关答案并呈现给消费者。如果商家事先把产品信息植入答案中，则消费者在看到答案的同时，也会看到产品信息，这样就可以增加产品曝光率，达到良好的营销效果。

如在百度知道平台上，某医美机构撰写了关于减肥问题的回答。在解答问题之后，可以看到还提到了"如想获得更多权威医美知识，尽在××平台"的信息，这就对机构本身进行了营销，如图12-16所示。

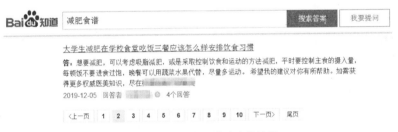

图12-16　在减肥问题答案中的营销

一些大的品牌商家有时会联合其他平台打造较大知识营销活动。如特仑苏与知乎联合打造知识营销活动"自然的语言"就是一个典型的案例。特仑苏希望传递给消费者"天然健康有机"的理念，因此撰写了一系列关于"自然语言"的内容，并在官方微博上发布宣传信息，如图12-17所示。

发布宣传信息后，特仑苏将54个自然科学问题和知识二维码印刷在产品包装上。消费者在看到特仑苏包装上的问题时，可通过扫码跳转到知乎平台的相应页面来获得答案。这种方式可强化消费者交互体感，

图12-17　特仑苏官方微博发布关于"自然语言"的内容

同时也把消费者从线下转移到线上（知乎），积累更多消费者的互动评论反馈，使产品的热度变得越来越高，从而起到营销的作用。

12.4 高手秘籍

技巧1——多平台活动容易进入哪些误区

做过活动的商家都知道，有时候活动让利力度大、参与人数也很多，但整体效果却不尽如人意。特别是举办多平台活动时，由于各个平台属性和用户属性差别较大，所以举办起来并不是很容易。有一些商家对于多平台活动存在思想上的误区，比如，不顾资金限制，活动求大求全；比如只愿意做热点，不愿意挖掘有深度的话题，等等。举办多平台活动中的常见误区如图12-18所示。

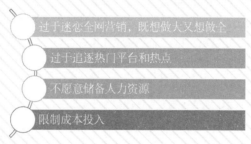

过于迷恋全网营销，既想做大又想做全

过于追逐热门平台和热点

不愿意储备人力资源

限制成本投入

图12-18 多平台活动常见误区

（1）过于迷恋多平台营销，既想做大又想做全。很多商家不考虑实际情况，活动资金不足却又想做大、做全，进而导致活动成本、人力资源有限，无法保证活动的正常进行。所以，不建议中小型商家做多平台联动推广活动。

另外，有的产品不适合在某个平台推广，例如，宠物活体可在转转、咸鱼等平台售卖，但不适合在抖音平台推广。所以，即使有该类产品的活动，也无法在抖音平台推广。

（2）过于追逐热门平台和热点。有的商家喜欢找热门平台推活动。其实，有的平台虽然火热，但平台用户与产品的目标客户重合度低，在这种平台推广活动，也很难吸引到高质量的参与者。所以，商家应做好客户分析，筛选出适合自己产品的平台。

在追逐热点时，也是同样的道理。有的热点热度虽高，但与产品契合度低，并不适合用于营销。因此，商家还是应该找到适合自己产品的热点来进行关联推广。

（3）不愿意储备人力资源。多平台联动推广是一项复杂烦琐的工作，团队配合非常重要。例如，选择什么渠道？策划什么活动？撰写什么文案？活动如何落地等问题，都不是一两个人能够解决的，这需要多个人员共同努力，共同协作才有办好的可能。有的商家为节约人员成本，不愿意储备人力资源，往往会导致活动效果不好。

（4）限制成本投入。这几乎是很多商家都存在的问题。多平台联动营销是一个需要长期投入、持续经营、战略布局的过程。很多商家在活动做到一半时，认为效果不好直接放弃。也有的商家不相信运营团队，认为在时间内做不出理想成绩，就应直接撤销计划。最后，活动运营也无疾而终。

商家在策划多平台活动时，只要避开上述问题，就可较大程度地保证活动成功。另外，一些商家也存在以下问题。

- 奖励太重。有的商家认为只要奖励越重，就能吸引越多的消费者参加活动。这种想法其实不是很周全，因为投入太多奖励，既需要更多的资金，也易对下次活动造成伤害。例如，这次活动直接对新品打 5 折，当下次活动打 7 折时，很多消费者会认为不划算，继而失去下单的动力，甚至就此流失。
- 过于在乎消费者的感受。有的商家过于在乎消费者的感受，认为消费者说的都是对的，其实不然，很多消费者的建议互相之间是矛盾的，完全考虑消费者的感受，可能会令商家无所适从。因此，商家可以适当听取消费者的建议，但不能被消费者牵着鼻子走。
- 活动中随意改变规则。这绝对是活动最大的禁忌，会打击参与者的积极性。如果规则有问题，应在下一次活动之前找出并处理。
- 活动规则难以执行。有的活动规则看起来诱惑满满，但当消费者细看后发现活动门槛高、难以参与，会产生一种被欺骗感，故而对举办方失去信任。

活动执行时不能粗心大意，因为活动是直接面对消费者的，商家任意一个失误都可能影响到消费者。

技巧2——推广活动平台的优缺点

认真阅读第 12.1 节的内容会发现，有的平台有多重属性。例如：微信既属于社交平台，其内含的微信公众号也属于自媒体平台；抖音既属于短视频平台也属于自媒体平台。但这并不影响平台的活动推广。

这里就将平台以另一种分类方式进行列举，并详细说明其投放活动的优缺点，见表 12-2。

表12-2 热门的活动推广平台优缺点

平台名称	用户特征	优点	缺点	建议
腾讯社交平台（腾讯新闻、微信朋友圈、公众号、QQ空间、腾讯视频等）	用户多、日常活跃性高、黏性大	社交应用排行较前，特别是微信、QQ覆盖面广。适合多个行业投放活动	平台多、人群广、难精准	确认自己产品的用户群，明确产品调性，定向投放到目标人群
百度平台（百度首页、百度贴吧）	用户涉及方方面面	有搜索基础、关键词定向	广告主多以搜索转化为主，需要提前做准备，如写帖子、写问答等	建议专人、专职做准备工作，保障后续工作的顺利开展
微博（新浪微博、腾讯微博）	群体活跃、偏年轻化	投放粉丝通可以指定博文产生活互动的用户群体，且投放形式包括图文、视频等多种形式	成本偏高，流量不可控	计算成本，考虑投放粉丝通广告还是找微博达人合作

平台名称	用户特征	优点	缺点	建议
今日头条	群体广泛,主要集中在二、三线城市	可关键词定向,快速锁定目标用户,实现对"对的人投放对的广告"	广告类型多,不好选择	根据产品属性调研目标人群喜欢的广告方式
抖音短视频	以一、二线城市的"95后""00后"为主	用户数量庞大,活动广告的曝光量也大,容易打造热门产品	投放成本偏高、对素材要求高,对行业要求限制也比较高	抖音的娱乐定位,建议投放游戏、App、电商等泛流量产品
快手	以三、四线城市的12~35岁人群为主	流量大,几乎覆盖了三、四线流量红利区域	广告审核较严格	建议餐饮、App、零售、电商等产品销售
陌陌	以"80后"至"00后"年轻群体为主	日均动态、短视频数量多,内容原生、精准定向	行业限制较为明显,一些行业产品无人问津	建议App、游戏、金融、电商、美容整形等产品的活动推广
哔哩哔哩	24岁及以下年轻用户为主	是目前最大的二次元社区,聚集了大量年轻用户	用户购物能力较弱	建议与二次元相关的产品活动推广
知乎	以年轻化、高收入、高学历的群体为主	流量质量高,购买能力高	用户较为理性,对广告素材要求较高	建议房产家居、游戏、金融、教育培训、电商、网络服务、旅游等产品推广

第13章

电商活动一线案例展示与分析

本章导读 🔊

　　电商活动是商家促进产品销售，提升品牌知名度的重要方法。随着互联网行业的不断变革，如今电商活动的形式和手段越来越多样化，其宣传推广的平台也更加广泛。在本章中将结合之前讲解过的内容，为大家介绍几个电商活动的实际案例，以便于大家更好地掌握电商活动的策划经验。

案例背景：越来越多的商家开始注重微信电商营销，甚至有商家把微信平台视为营销活动主战场。孙涛，传统滋补和保健食品类目商家，擅长通过淘宝平台把消费者引到微信里，进行长线布局放大流量价值。下面由他分享通过微信活动让老客户裂变的经验。

1. 挖掘老客户价值

由于整个电商环境发生了变化，导致获取新流量的成本越来越高。所以，商家一定要实现老客户价值最大化，从而提升销售额，这样就可以减少获新成本。虽然不是所有的老客户都值得挖掘价值，但在淘宝上购买过产品的消费者，本身对产品就有需求，如果能加到微信，通过公众号、微信群、朋友圈等方式刺激他们的需求，挖掘效果应该还是可观的。

常见的加粉方法，就是在包裹里放好评返现卡，吸引消费者加微信好友。但这种方式吸引来的消费者，活跃度很低，黏性差。因为返现是小利，并不是消费者最想得到的，所以，我们换了一种思维，持续性地为消费者提供服务，解决消费者的痛点问题。例如，我有一款瘦身保健食品，我们会在包裹里放置小卡片，提醒消费者添加我们营养师的微信，可以受到一对一的健康饮食指导，保持健康体重。这样消费者的黏性就很高了。

2. 建立信任感

线上交易，最重要的就是建立信任感。尤其是高客单价的产品，如果消费者信任你，后期成交的可能性就更大。那么，如何建立信任感呢？我们从以下几个方面入手。

■ 打造个人形象。营养师的微信名都是"××老师"，朋友圈也不发广告，只分享专业的瘦身知识和学员真实案例，给消费者营造专业感和真实感。这样一来，消费者在和老师微信交流时，也会感受到专业性，从而保持尊重的态度。

■ 了解消费者信息。在加完消费者微信后，我们会记录消费者的身高、体重、年龄等信息，对消费者有一个大概的了解。同时，也会询问消费者日常的饮食习惯，如果有不合理的习惯，会给予指正。

■ 专业解答。负责微信互动的营养师都经过专业培训。当消费者提出问题后，我们都有比较完善的答案去告诉消费者应该如何解决，同时，也有丰富的消费者瘦身数据供消费者参考。所以消费者对我们产品满意度比较高，复购率在30%左右。

3. 微信群管理

在一对一沟通比较好的前提下，我们会把消费者加到消费者群中进行管理。例如，一些和老师交谈比较有礼貌，近期瘦身效果比较明显的消费者就是优选对象。起初，一个群的成员控制在70人左右，安排1个助手维护秩序。群公告也会申明，本群宗旨就是大家互帮互助、共同变瘦。群成员需要每天打卡，汇报当日体重、瘦了多少。

为调动群内氛围，我们会设置奖励活动，如图13-1所示。

图13-1 常用奖励活动

- 热心客户奖。当群成员发问时，积极帮助分析原因及提供建议的客户有机会参与每周一次的"热心客户"评选。投票人数第 1 的热心客户，可以获得 1 份价值 400 元的产品 1 份；投票人数第 2～7 名奖励价值 98 元的产品一份，从而调动消费者积极性。
- 邀请好友奖。在颁发 1～2 次热心客户奖后，又策划另一项活动：邀请 6 名好友进群，可以获得价值 98 元的产品 1 份。在奖品的激励下，很多客户会积极地邀请好友进群。
- 朋友圈集赞奖。以朋友圈获 66 个赞可获得价值 98 元产品的规则，引导老客户发朋友圈集赞。朋友圈文案大致为：最近好多朋友都说我瘦了。想知道我怎么瘦的吗？你点赞，我告诉你答案。

4. 活动刺激新人下单

通过以上活动进群的新客户，大多持观望和怀疑的态度。但是长期在群内看到老客户的购买记录、减肥记录，慢慢地会心动，也建立了一些信任感。这时，再用团购活动的形式，刺激新人下单。

例如，当一个减肥群的人数从 70 人发展到 370 人时，我们就会在群内发预告：3 天后（4 月 15 日），为感谢新老客户，某某原价 399 元的产品团购价仅 299 元，限量 1000 份。为刺激消费者下单，还可以设置阶梯礼品。例如，前 30 名下单的消费者，可获赠价值 69 元的产品。有了信任在前，再有活动的刺激，营造好抢购的氛围，一个效果良好的营销活动基本就成功了。

当新人在活动中买了产品并使用效果明显后，再筛选出优质消费者拉到新群里，重复上述操作。让新客户变成老客户，老客户又吸引新客户。

活动对于大部分电商商家都有价值。商家应根据自己的产品特性去策划相应的活动，吸引更多新老客户，售卖更多产品。

案例 2——通过产品策划卖爆滞销蜂蜜

案例背景：蒋晖老师曾帮一位在微信上售卖蜂蜜的同学做了一个活动策划。短短十几天的时间，那位同学已经招到十几位代理，还发布了一款新品蜂蜜。这位同学叫叶子，来自四川。她的团队在一年前开始卖蜂蜜，但由于销量不佳，团队只剩她和一个兼职帮忙打包的同事。

1. 产品卖给谁

叶子遇到的第一个问题就是价格问题，她当时500克野药蜜售价为128元。市面上大多纯正的土蜂蜜价格在50～80元，所以很多消费者认为这个价格偏高。叶子也询问蒋老师需不需要降到88元？

经蒋老师分析，蜂蜜的主要功效为：美容养颜、养生及调理肠胃。

想要美容养颜的群体，一般是舍得花钱去追求精致皮肤管理的女性。但是通过喝蜂蜜来改善皮肤，周期可能需要三年五载。而且大部分人在护肤方面，喜欢见效快的方法，例如去美容院、买护肤品。即使消费者喜欢喝蜂蜜护肤，但由于周期长，可能也更倾向选择便宜的蜂蜜。

想喝蜂蜜来养生的群体，比较追求品质、健康生活，对价格不敏感。只要他觉得这个蜂蜜是真的土蜂蜜，长期喝对身体有益，可能也不在乎蜂蜜价格是58元还是128元。

至于调理肠胃功能。叶子说她这款土蜂蜜也叫野药蜜，是大凉山的土蜂采集几十种中药酿造的蜜，带有苦味，对肠胃的调理效果也比较理想。

既然如此，那为什么不去强调这款蜂蜜的药用价值呢？给消费者留下治理肠胃问题的蜂蜜。现在很多人都有肠胃问题，在花钱吃药和花钱喝野生蜂蜜之间，相信后者更容易被选择。所以，叶子的蜂蜜不仅没有降价，反而涨到了138元。

当商家拿到一个产品，首先应弄清楚这个产品卖给谁，只有明确这点，才能有针对性地进行销售。

2. 你的广告如何让人相信

叶子的蜂蜜货源来自大凉山彝族人家。她知道自己手里的蜂蜜是好蜂蜜，但不知道如何让客户相信这一点。她原来的文案为"采自大凉山的珍贵中华蜂野药蜜，零添加、无污染、自然成熟蜂蜜！一切尊重自然，有产量则有销量，无产量则等下一年！给自己、家人一次品尝的机会"。

文案效果可想而知。很多商家在文案上都会犯同样的错误，认为把产品优点表达清楚就可以了。但商家没有考虑到的是，你自己说自己的蜂蜜好，别人也会说自己的蜂蜜好。大家都知道"二八原则"，当80%的商家都这样写文案时，其实已经触动不了消费者了。

因此，蒋老师建议叶子把她和蜂蜜的故事写下来，通过大凉山彝族人民的故事去打造差异化，如图13-2所示。当叶子把她在大凉山寻找蜂蜜的故事写在微信公众号、QQ空间后，文章获得很多自主转发，其中还有人主动联系她，想做她蜂蜜的代理。

这样有图有感情的文章，有没有打动消费者？常常有老师谈到"要学会卖人，而不是卖货"。目前，信息泛滥，消费者不愿意相信广告。而人格体丰满的账号有

一切那样原始，没有走出大山的人们，默默的坚守着对大自然的敬畏，与山里的花草树木和谐相处，他们日出而作，日落而息，上山砍柴，下河摸鱼。就连蜂蜜，也是最原始的放养和采集。用几十年的木头，挖空做成蜂箱，放在悬崖上，高山上，树林间，然后一年不问不管，默默的守着大山辛勤劳作，每年的冬至左右再去收最自然的蜂蜜。也一一看到所有的蜂蜜是如此的纯洁和珍贵。

后来，我要给蜂蜜做包装，做营销，发货。但是山区不具备这些条件，我继续回西昌市做设计做包装。我想更多的是让人们知道我们凉山大山的中华蜂蜂蜜，于是会参加各种活动，我想为蜂蜜找一个好瓶子，我还得回城或者西昌上网，再网上买一堆样品回来，对比价格，对比质量，对比美观程度，想着用最少的钱，做最划算的事情！为了方便发货，临近⋯⋯从山里赶回

图13-2　叶子寻找蜂蜜故事部分截图

信任背书，所以消费者愿意相信账号里的人物所推荐的商品。商家如何做到这一点？可以从讲故事、讲理念的角度出发，去打动消费者。例如，即使是代理一个产品，也要演绎出故事，从花精力找产品，或找产品的理念，以及找到产品后如何改进产品的角度去讲述，突出自己对这个产品的用心、用情，感动消费者，而不仅仅是放出产品信息就完了。

3.如何让社群有价值

因为叶子的文章在微信朋友圈、QQ空间传播次数多，主动加叶子微信的人也逐渐多了起来。有的人对大凉山感兴趣，有的则对蜂蜜感兴趣。为方便管理，叶子索性建立了一个微信群，把大家聚集在一起。她常常在群里讲述自己找蜂蜜的故事，讲蜂蜜的具体功效，讲辨别蜂蜜真假的技巧等。可能因为她讲得比较真诚，群里也有人自发地拉好友进群。她的群也从最初的几十人发展到后来的几百人。

这样有互动、有信任又精准的社群，还愁卖不出去蜂蜜吗？也就是这个群里，还不断地有人想做她蜂蜜产品的代理。

很多人也在做社群经济，但效果并不理想。而叶子能够成功，最主要还是她在寻找大凉山蜂蜜的故事，并在其中呈现出一个真诚、善良的形象。社群是人格化的群体，而不是人群化的群体。不是商家随便发几个朋友圈，随意拉几个人建群就能产生销售业绩的。

4.通过老客户开发新客户

叶子之前还提到一个问题，目前的客户几乎是老客户，新客户开发困难。但一款产品既然有忠诚老客户，为何不让老客户帮忙介绍呢？

可能很多商家也都在用这个方法，即让老客户在朋友圈宣传商家产品，商家给予小红包表示感谢。但有一点值得注意，文案必须由客户自己撰写。虽然客户的文案水平可能参差不齐，但客户的好友熟悉他的语言风格，也有信任基础。如果客户真诚介绍产品，效果比发送商家统一定制的广告文案更好。

当叶子发现自己有能力玩好社群时，干脆把客户介绍拉人的营销方式进行升级。她和自己的代理先建了一个群，拉了一些愿意参加活动的意向客户和老客户进群，通过客户又拉人，当晚500人的群满员了。

随后，叶子在群里发布一款中档定价的意峰蜂蜜，详细介绍这款蜂蜜的卖点、口感等。再在群内请有兴趣的客户自己写文案、发朋友圈售卖蜂蜜。并且标明：在一定时间内销量最佳者可以得到500元红包。当时群里气氛很好，又有500元红包的刺激，很多客户也喜欢并信任她家的蜂蜜，就帮忙发朋友圈推了。让消费者自主积极地帮商家宣传、推广商品，才是有价值的传播推广。

5.包装上做文章

叶子反映，她的老客户们也会回购，但回购时间比较长，可能半年至1年才回购一次。经过调查，原来很多人在购买蜂蜜后，前几天可能还会按时按量冲水喝，但时间一长，可能就忘记喝了。所以他们在回购的时候还会犹豫，思考自己买了能喝完吗？

所以商家在考虑消费者体验的同时，也要想办法缩短消费者的回购时间。因此叶子将原先每瓶500g的包装换成两个250g。并在详情页描述中说明：500g分两瓶装，一瓶放在办公室，一瓶放在家里喝。消费者感受到商家贴心服务的同时，也会不自觉地缩短了回购蜂蜜的周期。

商家还可以在包装印上如"每天2勺蜂蜜，还你细嫩皮肤"等广告语，当消费者看到时，会产生一种喝了蜂蜜对皮肤有益的心理暗示，从而不由自主地多喝一些。包装方面，可以简单大方但不能简陋，好的包装有助于产品溢价。另外，包装上可以贴上商家个人微信或店铺二维码，当消费者买去送礼或向朋友推荐，直接扫一扫就能找到商家。

还有一些包装上的细节可以改进。例如我们在喝蜂蜜时，都有相同的体验：直接拿瓶子倒蜂蜜，会把蜂蜜弄得到处都是，黏糊糊的不舒服；如果用勺子，也要每次洗干净再擦干净很麻烦。所以叶子直接在瓶盖上连着一根蜂蜜棒，如图13-3所示，方便消费者舀蜂蜜。

图13-3　贴心的蜂蜜棒

大部分消费者无法直观地区分蜂蜜质量好坏，但是他们可以从包装等细节上获得更好的用户体验，更加认可叶子的蜂蜜。

包装与商品已融于一体。包装作为实现商品价值和使用价值的手段，在生产、流通、销售和消费领域中，发挥着极其重要的作用。希望商家看到这里，能提升自己对包装的认识，不要只停留于包装美观度上。

现实生活中像叶子一样适合做微信电商产品的人不在少数，但因为不懂营销模式，不懂产品策划，也不懂客户的购买心理分析，所以品牌被埋没。这类产品包括土特产、水果生鲜类产品、母婴类产品、教育类产品等。这些产品通过好的产品策划，都能够卖出比常规同类产品更高的价格，更好的销量。因此，当感到传统销售方式不够"给力"时，不妨试试微信社群营销，用心经营好账号之后，再来销售产品，效果会更好。

案例3——多平台联动营销火遍全网

案例背景：对于很多商家来说，运营粉丝有难度。其中，大品牌因为知名度较高，粉丝相对较多，有的粉丝数达百万甚至上千万。也有部分品牌因为不善于经营，粉丝数只有几十万。对于淘宝和天猫商家来说，可以重点维系淘内渠道。而对于一些红人店主和品牌来说，可以打通站内和站外两大渠道，在站外微博、微信和抖音等渠道增加粉丝，通过多平台来进行品牌与产品的营销。

根据自媒体"短视频工场"的《李子柒的电商成绩单：上线 6 天销售额破千万，短视频的"慢变现攻略"》一文描述，2018 年 8 月 17 日，农历七月七，七夕情人节，李子柒同名天猫店铺正式开业。上线 6 天之后，仅有 5 款产品的店铺销售量破 15 万、销售额破千万元，成绩十分惊人。

一直以来，坚持不接广告、不接商演的李子柒如何变现成了谜。伴随着全网知名度的提高、粉丝数的猛涨，凭借独特的内容风格和极强的粉丝黏性，她掀开了短视频红人变现的另一条阳光大道。

原来，李子柒建立天猫旗舰店之后，随即在淘宝微淘、新浪微博、微信公众号、抖音等平台进行了同步推广，以活动吸引粉丝互动，引导粉丝关注店铺，从而使自己的旗舰店在短短时间内就涌入了巨量的粉丝，实现了超高的销售额。

1. 微淘营销

李子柒旗舰店微淘首页加入了"5 元无门槛优惠券""77 积分限量送"等福利，如图 13-4 所示。截至 2020 年 2 月 10 日，李子柒旗舰店天猫店铺拥有粉丝 351 万；平均每条微淘信息的阅读量达 1 万以上，粉丝活跃度很高。

由于微淘也有社交属性，所以在李子柒旗舰店的微淘中也常见"评论＋关注得好礼""分享有礼""征集买家秀"等活动。

2. 微博营销

截至 2020 年 2 月 10 日，李子柒新浪微博粉丝数为 2320 万，认证为知名美食视频博主，主要发布传统美食制作工艺，配合文案及短视频内容，彰显了中华传统文化和匠心精神。除了商品介绍视频的发布之外，李子柒也用长图文讲述了店铺成立的点点滴滴，包括这个品牌如何从无到有、其中包含的理念及她自己做的努力，如话家常般的表述拉近了品牌与粉丝之间的距离。

图13-4　李子柒旗舰店微淘首页

李子柒的每一则微博都有几万的转发数和评论数，点赞数更是达到了几十万，如图 13-5 所示。她的微博内容与其天猫旗舰店互通，方便粉丝直接点击链接购物。

除此之外，她还准备了各种精心制作的礼品，比如定制油纸伞、折扇、鼠标垫等并在评论中提到的活动，如图 13-6 所示。参与该条微博评论、转发、点赞的粉丝，都有机会获得年货礼盒。这既是她对于粉丝的回馈，同时也在无形之中加强了粉丝对于这个品牌的认知度，并让粉丝自发地进行宣传推广。

图13-5　李子柒某条微博动态的互动情况　　图13-6　李子柒在评论中提到的活动内容

3. 微信营销

在微信搜索李子柒，可以选择关注其公众号"李子柒"，如图 13-7 所示。公众号在底部菜单栏中，分为"看我""子曰"和"柒家"。其中"看我"主要是查看历史消息，"子曰"中包括《东方》《美食》和《生活》三篇文章，"柒家"主要引导关注天猫李子柒旗舰店。第一次关注微信公众号的粉丝会收到引导关注天猫李子柒旗舰店的消息，如图 13-8 所示。由此，引导粉丝关注店铺成为柒家人，进入会员页面参与活动领奖。

图13-7　李子柒公众号底部菜单栏　图13-8　引导关注天猫李子柒旗舰店的消息

李子柒的公众号除了发布产品内容，还经常与粉丝互动，通过长文章的故事，讲述互动缘由。如李子柒发布了一篇名为《当烙锅遇上缙云烧饼，传统炭火烤出喷香美味》的文章，提到奶奶年纪大了不方便出门，没吃过自己之前在贵州吃到的烙锅，所以动手做给她吃吃看，并在文章末尾放了一段自己弹唱《消愁》的视频，送给所有知道她名字的朋友，希望大家所有忧愁烦恼都消除，余生平安喜乐，如图13-9所示。

该篇公众号内容共获得10万+的阅读量，并获得5175份赞，很多粉丝在留言中表达了对她的肯定和喜欢，如图13-10所示。

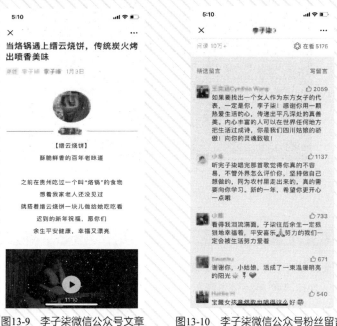

图13-9　李子柒微信公众号文章　　图13-10　李子柒微信公众号粉丝留言

4. 抖音营销

截至2020年2月10日，李子柒的抖音共有3820.3万名粉丝。其中抖音作品540条，获赞1.2亿。在抖音中，李子柒把粉丝直接引导到商品橱窗购买产品。

李子柒于1月2日更新了关于烙锅的动态，共获得32.5万个赞，21868条评论，如图13-11所示。网友们纷纷在评论区赞美了李子柒的美好生活，如图13-12所示。有网友在评论区写道"明明都是很普通的田园生活，可是硬是拍出了诗意，每个定格的画面都很和谐静谧，让人觉得很美好，就连枯了的藤叶都枯得有格调"。

除此之外，李子柒的平台布局还包括快手、美拍、优酷、腾讯等多个平台。随着新媒体发展的速度越来越快，越来越多的平台可供商家选择。电商商家想要实现更好的品牌或活动传播效果，从而拓展传播渠道，通过全域营销，吸引粉丝实现更多的流量转化。

图13-11　受到高度关注的动态　　图13-12　李子柒抖音信息的评论

案例四——淘宝"双十一"活动策划全文档公开

案例背景：A网店是一家主营服装产品的天猫店，店铺成立6年以来，销售业绩一直稳中增长，2018年全年的销售额高达1500万元。在2019年"双十一"网购狂欢节到来之际，A网店也做好了充足的准备，希望在"双十一"活动当日能够实现日销售额破300万元的销售目标，提前完成年初定下的2000万元的销售计划。

1. "双十一"活动的前期筹备

A网店"双十一"活动的筹备工作从10月中旬就开始了，一直持续到"双十一"当天。在"双十一"活动筹备期A网店首先要制定销售目标，进行货品确认与库存准备、预热渠道准备、各部门人员准备等工作，然后还要开展预热活动。同时，还需要确定页面方案、确定物流方案以及确定其他预案等。对于筹备期店铺的工作，A网店制定了一张详细的计划表，具体内容见表13-1。

表13-1　"双十一"活动筹备期工作安排

项目	筹备工作的具体要求
目标	活动期间销售额达到300万元
货品	备货量：折后金额控制在目标销售金额的2倍以上，即预估售罄率50%
	备货分解：目标分解，先到品类再到款，注意层次结构，备货深度遵从"二八原则"
	清点库存：确保库存的准确性，确保入仓时间
资源	提早确认资源，如当天的聚划算、硬广告、直通车、钻展等资源，以及活动前的预热资源等

项目	筹备工作的具体要求
人员	整个促前、促中、促后过程中的团队人员安排，工作分工与进度的确认跟进
	商品部：负责货品结构、备货深度、商品属性、卖点包装、搭配、品控等
	策划部：负责营销方案、预热方案、页面方案、视觉、风险管理及其他预案等
	客服部：自助购物流程、催款方案、自动回复、话术、危机处理等
	物流部：库存清点、仓库布局、订单分拣、提前打包、发货模拟等
预热活动	目的：激活老客户
	方式：优惠券、店内预告、微博造势等
配套方案	活动阐述简单明了，以提高人均购买笔数为主要目的，如满减、关联营销，以承接优惠券的使用效率
页面方案	（1）清晰罗列主销的品类结构，合理规划导航
	（2）商品尽量按热销、主推和折扣在首页进行堆砌，比平时要更"扁平化"
	（3）准备多套模板备用，根据当天情况进行替换
	（4）制作文字、Banner、图片，突出卖点，制造"抢购"氛围
	（5）新手帮助专区：当天流量巨大，且新客很多，建议在醒目位置放上自助购物流程
	（6）事先开起店铺"留言交流专区"，让联系不上旺旺的买家可以发帖咨询
	（7）为避免误会，所有商品在拍摄图片时都要将"吊牌"拍摄进去，以便客户知道商品是打了5折的
物流方案	（1）事先标准化管理，将订单、拣货、打包、打单、贴单、出库各个环节操作标准确定
	（2）货仓摆放科学合理，将爆款商品集中摆放，便于快速发货
	（3）增加人员，做好事前培训、流程模拟
	（4）物流供应商联动，"双十一"开始蹲点合作，确保第一时间出货
	（5）管理人员专职现场协调和资源调配，控制全场
	（6）后勤保障有力：打印机、面单、纸张、水、食物等准备到位
其他预案	做好突发事件的解决预案：预留10%左右的爆款库存用来应对换货；"双十一"前完成所有商品的上架工作；"双十一"当天避免同步库存；图片切换到淘宝服务器；所有资料、图片进行备份；服务器抗压测试；"双十一"前更新一次密码；准备好备用插线板、打印机、发电机、网吧等

2."双十一"活动当天的工作安排

在"双十一"活动当天，店铺的促销氛围将达到一个顶点，产品的销售量也将被全面引爆，这一天中店铺的工作就主要集中在补货与页面调整、客服催款、售中分拣与发货及激励员工4个方面。A网店针对"双十一"当天这4个方面的工作做出了以下安排。

（1）补货与页面调整。对热销宝贝进行实时调整，将货量大的款式尽可能多曝光，并设置库存预警等。

（2）客服催款。客服催款的方式有3种：旺旺催付、短信催付和电话催付。

■ 旺旺催付。实时催付（下单后半小时内，告之疯抢进展，刺激客户的占有欲）。

■ 短信催付。短信模板增加个性化用户信息，如订单号、商品标题、顾客姓名，提高专业程度公信力。

- 电话催付。对于高价值用户可用电话催付。电话催付应规避常规休息时间（0：00—9：00，11：30—14：00，21：00—24：00）。催付专员应开门见山表明身份，消除客户戒心，针对客户的反应和语气做专业反应。

（3）售中分拣、发货。在"双十一"活动当天进行商品分拣和发货时，应注意以下3点。

- 停用自动上下架功能，订单同步时间设置在30分钟至1个小时，防止系统运行缓慢。
- 多人审单，用流水号、成交时间进行分工，没有ERP支持订单自动合并的商家需交代客服做备注。
- 快递效率高的地区，例如北京、上海、广州、深圳、杭州5地，订单优先审核。

（4）员工激励。内部激励可以有效提升团队在整个战役中的战斗力，保持高昂的状态。例如，实现阶段目标后，或达到具体的销售数字后，通过奖金、下午茶等方式激励员工。

3. "双十一"活动的后期工作安排

"双十一"活动到了后期，为保证活动的效果，这时商家还不能松懈，需要对客服、物流和页面3个方面的工作进行重点安排。A网店针对这3方面的工作所做的具体安排如下。

（1）客服方面。"双十一"后一周的客服数量都需要较平时增加，物流和货品咨询开始暴增，需要较多客服应付咨询，同时注意更新相关物流和库存信息。如果存在超卖、库存不准等问题，需要准备安抚致歉方案，避免投诉。

（2）物流方面。制定发货目标，合理安排人手，时刻去追发货进度。

（3）页面方面。商品价格以稍高于前一日单价的价格方式出售，切勿低于前一日售价；商品排布"双十一"＋库存剩余＝第二天页面的商品排版；"双十一"恰恰是一个旺季的开始，带动滞后性销售，各部门需要继续配合。

4. "双十一"活动的项目排期

A网店制订好活动方案后，为了将每个环节和项目进行细化还制定了详情的活动项目排期表，按具体的时间来规划每一项工作。A网店"双十一"活动项目的排期分为3个部分，第1部分为前期准备，第2部分为活动日当天，第3部分为活动后事项。

（1）前期准备。前期准备期间是整个"双十一"活动过程中最重要的一个时期，在这一时期店铺的工作较为繁重，主要包括商品保障、库存清点及优化、流量资源、人员安排、页面制作、会员营销及物流等多个方面的工作。A网店在"双十一"活动前期准备期间制作了项目排期表，以明确项目的内容与实施日期，见表13-2。

表13-2　A网店在"双十一"活动前期准备期间的项目排期表

项目		说明	时间
商品保障	库存补单	对能补单的产品下单，还有新品补货单	10月20日前
	新品上架完毕		10月25日前
	产品入库确认	所有能赶"双十一"前入库的产品必须在规定时间内入库完毕	11月8日前

项目		说明	时间
商品保障	主推款信息、尺码确认及优化	包括颜色、描述、尺码核对确认	10月30日前
	主推款优化完毕		10月30日前
库存清点及优化	盘点款号确认		10月18号
	库存盘点对应ERP数据		10月28日前
	仓库整理优化	包括标准制定、流程制定	10月30日前
	ERP数据和上架核对		10月28日前
	库存预留方案		10月21日
	ERP库存预警机制	大家讨论预警方案，技术部门执行	
流量资源	直通车	图片及关键词确认	10月23日前
	钻展	图片选择，根据点击率	10月23日前
	聚划算	争取聚划算品牌团	10月23日前
	淘金币	确认"双十一"上架淘金币专场	
	SNS站外		11月1日前
	老客户激活	EDM、短信或其他	10月22日前
人员安排	外部人员确认安排	学校客服的临时招聘和工作安排	10月23日前
	客服排班表	11月10日开始做通宵排班，包括机动人员、外部人员及客服部门，在"双十一"后的一个星期，晚班安排售后	10月25日前
	物流排班表	11日开始做通宵排班	10月25日前
	机动客服排班表		10月25日前
页面制作	"双十一"活动报名图	必须通过测试和优化	10月23日前
	页面布局方案确认		10月17日前
	预热页面	11月1日上线	10月25日前
	活动页面	11月11日上线	10月31日前
	引导页面	（1）自主购物流程图（购物车使用、优惠使用、积分及其他付款信息教程） （2）常见问题说明页面（包括现有页面呈现的、客服开会总结的） （3）"双十一"活动规则，退换货流程和店铺安排的情况 （4）新手引导界面（考虑新手什么都不会的情况） （5）尺码表优化	10月31日前

项目		说明	时间
页面制作	恢复正常后页面	11月12日上线	11月5日前
	促销图片	凸显店铺"双十一"氛围	10月31日前
	其他图片	各种其他活动报名、SNS、会员需求等	11月8日前
	海报设计	根据上级领导要求设计折叠海报	10月20日前
会员营销	短信营销	9日首次发送；10日10：00—11：00二次发送	10月31日前
	邮件营销		10月31日前
	旺旺群营销		10月31日前
	站内信营销		10月31日前
物流相关	标准化流程	制定各项环节的标准化流程，并打印文档，确保工作流程标准、明确	10月31日前
	货品摆放	科学规划，有计划地摆放爆款、主推的商品，提高发货效率	10月31日前
	机动人员培训和测试	增加机动人员、做好培训、提前测试	11月8日前
	快递沟通	提前和快递公司沟通，达成在"双十一"期间发货的具体人员，车辆，发货次数等方面的协议	10月31日前
	物流物质保障	提前备好各项物质，如打印机、色带、面单、盒子等	11月8日前
其他工作	机动客服快捷回复优化和整理		10月21日完成
	催单旺旺、短信文案和电话话术	售前、售中、售后	10月23日完成
	机动及其客服培训		10月30日
	无评价商品刷单炒评价		10月31日前
	客服400电话直线安排		10月31日前
	物资保障		
	留言区开启	使用留言板或帮派，提供客户在旺旺无法联系的时候询问的通道	10月31日前
	短信充值	充值足够短信，应付"双十一"的发送	
	后勤保障	保证食品、水，及其他后勤方面的保证	

（2）活动日当天。大部分的工作在 11 月 11 日之前就应该准备就位，所以活动日当天的工作项目并不是很多，主要围绕活动监控、客服营销、售中页面及其他注意事项 4 个方面展开。A 网店在"双十一"活动日当天的项目排期见表 13-3。

表13-3　A网店在"双十一"活动日当天的项目排期表

项目		说明	时间
活动监控	货品监控	是否缺货；库存有误	11月11日
	效果监控	转化率低的商品或专题及时更换	11月11日
	流程监控	所有环节是否流畅，出现问题必须及时调整	11月11日
	主推款监控	根据库存分配，做库存调整	11月11日
客服营销	催单	专门人员催单，大额订单电话催单	11月11日
	在线时间	10—13日24小时有客服在线	11月10日至13日
	人员	机动人员主售前，原客服主售后	11月11日
	二次营销方案	为11日后继续购买埋伏笔	11月11日前
售中页面	断货商品更换		11月11日
	转化率低商品更换		11月11日
	突发事件公告		11月11日
其他注意事项	统一快递或页面快递说明	避免前期咨询量和后期退货量	11月11日前
	商品上架	11月11日前检查所有参加活动商品是否上架成功	11月11日前

（3）活动后事项。活动后店铺还需要面对客服售后、页面设置和后台发货3个方面的工作。A网店在"双十一"活动后的项目排期表见表13-4。

表13-4　A网店在"双十一"活动后的项目排期表

项目		说明	时间
客服售后	前台客服	恢复正常客服工作状态	11月11日后
	售后客服	增加售后客服，核算物流情况；缺货商品必须电话告诉客户致歉解决	11月11日后
	退换货	快速解决客户因为各种原因引发的退换货和退款情况	11月11日后
页面设置	活动延续	微提高价格，延续活动主题	11月11日后
	滞销商品专题	对活动日滞销商品专项提出促销方案	11月11日后
	二次营销方案	通过数据分析对有潜力的客户进行二次营销（如买了裤子和毛衣的，可以对其营销外套）	11月11日后
后台发货	准确率	通过多重检查减少发货出错率	11月11日后
	多级分拣	通过多级分拣提高效率	11月11日后

有了活动期间各个阶段的项目排期表，店铺员工只需严格按照排期表的规划和时间开展工作，即可保证整个活动的有序进行。

5. "双十一"活动营销素材准备

在"双十一"活动策划过程中，为了配合活动的开展，提高活动的营销效果，商家需要制作精美的首页、专辑页、海报等页面，因此需要准备很多营销素材。为了便于追踪"双十一"活动营销素材的准备情况，A网店专门制作了一张"双十一"活动营销素材准备情况表，见表13-5。

表13-5　"双十一"活动营销素材准备情况表

素材	说明	完成情况
首页导航优化		
首页Banner素材准备		
详情页优化		
淘宝客素材		
会场素材		
平台频道素材		
联合页素材		
预热页面		
预热首页		
预热明星店铺		
预热手机淘宝		
官网"双十一"预告		
预热宝贝页		
正式页面		
正式活动首页		
Banner		
货架模块准备		
专题页		
宝贝页		
关联货架		
临时素材		
公告		
预告		
倒计时		
活动延续调整		
页面复查		
活动后恢复页面		
发货延迟提醒公告		

6."双十一"活动货品跟进工作

在"双十一"活动期间，店铺的订单会急剧增多，所以必须保证店铺货品的充足。商家需要事先根据产品定位对"双十一"活动期间的销量进行一个预估，先按预估销量的 60% 备货，然后经过对前期预热活动效果分析，完成剩余的预估备货量。

A 网店针对"双十一"活动期间货品的跟进工作，制作了一张完整的表格，明确货品跟进工作应该责任到人，每一项相关工作完成后都应该进行确认。A 网店"双十一"活动货品跟进表的具体内容见表 13-6。

表13-6　A网店"双十一"活动货品跟进表

内容	说明	责任人	完成情况
备货			
到货节奏安排			
现有库存情况			
入库安排			
货品摆放规划			
库存同步核查			
拍照			
铺货			
上架			
预包装安排			
订单抽查			
商品宝贝页检查			
商品报名			
仓库主推品抽盘			

7. "双十一"活动客服话术文案

"双十一"活动期间店铺的接单量巨大，所以A网店提前将活动期间可能出现的一些问题及应对方案做成标准化的FAQ，并设置好统一的分类快捷短语，以提高接单效率。

（1）"双十一"客服端应做好哪些准备。"双十一"活动期间店铺的客服端应做好以下几项准备。

■ 店铺及产品描述的醒目位置加上自助购物流程及FAQ。

■ 为提高服务效率，热门产品的图片预先添加到旺旺表情中。

■ 该商品可以搭配什么商品？搭配商品的特点是什么？录入知识库，并做好特殊标记。

■ 设置好快捷短语和自动回复。

■ 客服排班和培训到位。

（2）准备好自助购物流程涉及的FAQ。A网店根据店铺的实际情况，针对自助购物流程中会涉及的快递、发货时效、发票、尺码建议、修改信息、退换货、突发状况等问题设置了标准化的FAQ，具体内容见表13-7。

表13-7　A网店自助购物流程涉及的FAQ

情况	回复标准	建议话术
快递	不能指定快递，店铺会根据实际情况或者地区进行选择	亲，很抱歉，活动期间量大，不接受指定快递，可能会有部分快递网点出现爆仓，我们会根据实际情况，为您选择最快到达的快递，如不到的会帮您转发e邮宝，请您理解并耐心等待，谢谢

情况	回复标准	建议话术
发货	不承诺发货时间，遵守官方活动7天内发货的要求	亲，很抱歉，活动期间量大，不能保证发货时间，我们一定以最快的速度将宝贝送到您的手上，请您理解并耐心等待，谢谢
发票	天猫提供发票，需客户自行索要	亲，如需发票，请务必在拍下时说明，注明发票抬头，大促期间接待量大，一律不接受旺旺留言索要，谢谢您的理解和配合
尺码建议	仅供参考，不能保证合适，建议买家购买退运保险，以减少损失	亲，尺码建议仅供参考，请您参照页面的详细说明进行选择，由于个人体形和穿着习惯不同，我们不能保证百分之百合适，建议您购买退运保险，以减少损失
修改信息	原则上不提供修改，按照拍下的信息发货，必须修改的情况，指定联系专人（不分流接单，仅修改）	亲，活动期间量大，一律不接受订单信息修改，如确实必须修改，请自行联系旺旺号×××，感谢您的配合
突发状况	先统一以接待量大进行安抚，待负责人明确原因后再设定标准解答话术	亲，很抱歉，目前咨询量大，并非有意怠慢，请您耐心等候，我们会尽快给您回复，谢谢您的理解和配合 亲，让您久等了，由于×××的原因造成您这边×××的情况，我们真的很抱歉，正在紧急修复中，请您耐心等待并真诚希望得到您的谅解

为避免客户重复多次询单或客服给出做不到的承诺，活动期间所有的相关应答话术需统一设置，切忌承诺发货时间、尺码等，可以建议客户购买退运保险，减少客户对这些承诺问题的事后投诉。另外，买家接入可以设置自动回复信息，引导没有问题的客户自助购物，以减轻客服的接单压力。

（3）高效自动回复语的设置。A网店为了减轻客服的接单压力，还设置了一些自动回复语，引导客户自助购物，具体内容见表13-8。

表13-8　A网店自助购物流程涉及的FAQ

话术类别	包含内容	建议话术举例
欢迎语	欢迎词+接待量大致歉+引导自助购物	亲，您好，欢迎光临××店铺，全场5折疯抢！目前咨询量大，不能及时回复请您谅解，为节省您的时间，请自助购物，店内能拍的就是有货的，我们会在7天之内尽快发货，如需发票请在拍下时注明抬头，谢谢
等候语	需等候+致歉，欢迎语中已经提到相关内容，此处主要是聊天对话中的等候	亲，很抱歉，目前咨询量大，并非有意怠慢，有问题请留言，我会尽快给您回复，谢谢您的等待和理解
结束语	发货+恳请耐心等待	亲，已经为您下单，感谢您对本店的支持，我们会在7天内尽快为您发货，活动期间发货量大，恳请您的谅解，请耐心等待，欢迎再次光临

活动无忧 电商文案创作与活动策划实战

话术类别	包含内容	建议话术举例
是否正品	肯定+支持验货	本店所有商品均为品牌正品，支持专柜验货，假一罚十，请放心购买
价格	低价保证+刺激下单	参加活动的商品一律5折促销，价格受天猫官方监控，请放心购买，机会难得，目前疯抢中，可能随时会断货

8．"双十一"活动前的检查工作

在"双十一"活动开始前，还需要进行最后一次检查，以确保活动能够做到万无一失。检查工作一共有15项，包括首页面、主页面、海报、备选海报、卖点、详情页、主推产品页、入口产品页、宝贝描述、提示语、客服自动回复语、关联销售、库存设置检查、左侧栏产品关联及套餐价格检查。商家需要逐一对这15项工作进行检查，并有负责人签名确认。